U0565944

东风吹来满园春

山西文化改革发展巡礼
DONGFENGCHUILAI
MANYUANCHUN

中共山西省委宣传部 编

山西出版传媒集团　山西人民出版社

图书在版编目（CIP）数据

东风吹来满园春：山西文化改革发展巡礼／中共山西
省委宣传部编 . —太原：山西人民出版社，2012. 2
ISBN 978 - 7 - 203 - 07591 - 2

Ⅰ. ①东…　Ⅱ. ①中…　Ⅲ. ①文化事业—体制改革—
概况—山西省②文化发展—概况—山西省　Ⅳ. ① G 127. 25

中国版本图书馆 CIP 数据核字（2012）第 014619 号

东风吹来满园春：山西文化改革发展巡礼

编　　者：中共山西省委宣传部
责任编辑：秦继华　魏美荣
装帧设计：谢　成

出 版 者：山西出版传媒集团·山西人民出版社
地　　址：太原市建设南路 21 号
邮　　编：030012
发行营销：0351 - 4922220　4955996　4956039
　　　　　0351 - 4922127（传真）　　4956038（邮购）
E - mail：sxskcb@163. com　发行部
　　　　　sxskcb@126. com　总编室
网　　址：www. sxskcb. com

经 销 者：山西出版传媒集团·山西人民出版社
承 印 者：山西出版传媒集团·山西新华印业有限公司

开　　本：889mm×1194mm　　1/16
印　　张：18
字　　数：250 千字
印　　数：1 - 1 000 册
版　　次：2012 年 2 月第 1 版
印　　次：2012 年 2 月第 1 次印刷
书　　号：ISBN 978 - 7 - 203 - 07591 - 2
定　　价：96. 00 元

《东风吹来满园春——山西文化改革发展巡礼》编委会

Contents目录

前　言

　　建设文化强省，推动山西文化的改革发展，是再造一个新山西的重要目标，是全省转型跨越的主战场，是提升综合竞争力的关键举措，是全省上下的共同使命。山西省委、省政府认真贯彻落实科学发展观，加快文化强省建设步伐，通过深化文化体制改革，解放了文化生产力；努力构建惠及全省人民的公共文化服务体系，人民群众的文化权益得到保障；狠抓文化精品的创作生产，优秀的文艺作品不断涌现；大力发展文化产业，新的经济增长点与支柱性产业正在形成。太行之西，黄河之东，文化建设，风生水起，正呈现出蓬勃发展的喜人景象。

　　山西文化的改革发展，得到了中央及中央有关部门的关怀、重视与支持。中央政治局常委李长春同志，中央政治局委员、书记处书记、中宣部部长刘云山同志，中央政治局委员、国务委员刘延东同志等，先后来山西调研视察，指导工作。中央有关部门的负责同志及兄弟省市的有关同志，对山西文化的改革发展，给予了热情的指导与具体的支持，使全省人民受到了莫大的鼓舞与激励。

　　山西省委、省政府高度重视文化改革发展，要求充分认识新形势下加强文化建设的重大意义，增强推进文化建设的责任感和紧迫感，进一步加快实施文化强省建设步伐，不断增强文化自信，提升文化自觉，实现文化自为，全面推动社会主义文化大发展大繁荣，为加快全省转型跨越发展、实现再造一个新山西的宏伟目标，作出新的更大的贡献。省委常委会、省政府常务会多次专题研究有关文化改革发展的重大问题。省委书记袁纯清同志亲自进行安排部署，对各项工作提出明确要求。省委副书记、省长王君同志直接担任山西省文化体制改革和文化产业发展领导组组长，具体解决改革发展中出现的问题。通过推动文化建设"大作品展示、大集团运作、大景点支撑、大服务引领、大会展集聚"五大战略，实施文化建设"一策、一业、一品、一节、一剧""五个一"工程，使山西的文化建设在深化文化体制改革、文化产业发展、文化精品创作、公共文化服务体系建设和新型文化业态培育等五个方面出现了新进展。

山西文化的改革发展，有赖于全省上下干部群众的不懈努力和辛勤工作。省直各部门、各市相继出台支持文化改革发展的政策措施，制定文化改革发展的规划纲要，确定了一批重点发展项目。广大文化工作者以高度的使命感、责任感投身于文化的改革与发展之中。通过大家的努力，文化体制改革"四轮驱动"、"以一带三"等经验产生了积极的成效，全省按照中央确定的时间表、路线图、任务书，全面完成了阶段性改革任务,文化大发展大繁荣的体制机制不断完善，文化的发展活力进一步显现。一批优秀的精神文化产品涌现出来，并在国内外演出、播映，文艺创作持续繁荣的态势初步呈现。通过组建六大文化集团，文化发展的规模化、集约化程度提高，市场竞争力进一步增强。对文化旅游景点进行改造、扩容，景点的文化内涵提升，云冈文化旅游景区、五台山文化旅游景区、平遥古城、武乡八路军文化旅游园区等景点的吸引力进一步增强。加强文化基础设施建设，城乡文化条件得到根本改善。加强交通、餐饮、金融、信息等服务行业的建设，全省的服务水平得到了明显改观。举办中国（太原）国际能源产业博览会、中国（山西）特色农产品交易博览会、第六届中国中部投资贸易博览会，以及平遥国际摄影大展等特色文化节庆活动，地区文化吸引力进一步增强，文化形象得到提升。推动相关行业的联动发展，文化与旅游、科技、金融、信息等的融合更加紧密，社会各界参与文化建设、进入文化领域的积极性大大提高，对全省转变发展方式产生的带动作用日益明显。

东风吹来满园春。党的十七届六中全会规划了建设社会主义文化强国的宏伟蓝图。文化强省建设大会开启新一轮文化改革发展帷幕。揽黄河之水，襟恒岳之风；兴五大战略，绘三晋美景；化资源优势为发展优势，聚各界才俊成文化新军。山西文化既有昨日之辉煌，亦必有明日之繁荣！

中共中央政治局常委李长春同志在省委书记袁纯清、省长王君的陪同下，在运城市考察

　　中共中央政治局委员、书记处书记、中宣部部长刘云山同志在省委书记袁纯清、省长王君的陪同下，在朔州市考察

　　中共中央政治局委员、国务委员刘延东同志在省委书记袁纯清、省长王君的陪同下，在太原市考察

文化强省建设大会

WENHUAQIANGSHENG

JIANSHEDAHUI

在文化强省建设大会上的讲话

（2011 年 12 月 28 日）

中共山西省委书记、省人大常委会主任　袁纯清

这次大会，是我省贯彻落实党的十七届六中全会精神和省第十次党代表大会精神的重大举措，是建设文化强省的动员会、部署会。

刚刚召开的省委十届二次全会暨全省经济工作会议审议通过了省委、省政府《关

省委书记、省人大常委会主任袁纯清在山西文化强省建设大会上讲话

于贯彻落实党的十七届六中全会〈决定〉加快建设文化强省的实施意见》，希望各地各部门认真抓好落实。刚才，王君同志对文化强省建设作了部署，讲得很全面。下面，我强调三点意见。

一、增强文化自信

文化自信是对文化价值的科学认知、对文化生命力的坚定信念，是先进发展理念、坚强精神支柱、良好精神状态的综合体现。从更广的意义上讲，发展的自信，首先是文化的自信；发展的动力，根源是文化的动力。建设文化强省，我们有充分的信心。

一是得天独厚的文化资源令人自豪。 山西特有的历史文化、红色文化、民俗文化和现代文化相互交融、相得益彰，不仅是山西人民的宝贵财富，更是中华文化不可或缺的。尤其是，山西是中华文明重要发祥地，被誉为华夏文明的"主题公园"、中国社会变革和进步的"思想库"、古代东方艺术的"博物馆"，以其博大精深赢得世人景仰；山西的国家级文物保护单位、历史文化名镇名村名列全国第一，世界文化遗产名列全国第二，国家级非物质文化遗产名列全国第三，以其丰富完整彰显了恢宏气派；八路军总部旧址、八路军太行纪念馆等一大批爱国主义教育基地，承载着党和军队艰苦卓绝的奋斗史，以其浩然正气享誉海内外；太行精神、吕梁精神、右玉精神以及晋商精神等宝贵精神财富，内涵十分丰富，以其崇高品质激励着山西人民，成为民族精神和时代精神的灿烂之花。

二是文化改革发展具有坚实基础。 省委、省政府始终高度重视文化建设，提出做好地下地上两篇文章，大作品表现、大集团运作、大景点支撑、大服务引领、大会展集聚战略深入推进，文化产业增加值比重超过全国平均水平，正在成为经济发展的重要增长极。文化体制改革取得重大突破，走在全国前列，得到中央领导同志的充分肯定，特别是文化旅游景点开发、新型文化业态培育、文化产业园区建设可圈可点，一大批文化精品赢得广泛赞誉。

三是文化强省建设面临难得机遇。 党的十七届六中全会从国际视野、时代前列和中国特色社会主义事业格局的高度，提出建设社会主义文化强国的宏伟目标，明确了文化改革发展的思路和举措，为我们发掘文化资源、建设文化强

2011年12月28日山西文化强省建设大会召开

省进一步打开了境界，展现了前景，指明了方向。省第十次党代表大会提出要建设中部地区经济强省和文化强省，使文化强省建设与经济强省建设并驾齐驱，成为我们最主要的奋斗目标。我省人均GDP已超过4000美元，进入国际公认的文化消费快速增长期，为推动文化大发展提供了巨大需求。山西正处在加快发展的黄金期，必然也是文化的大发展期。我们要把握机遇，乘势而上，在文化强省建设上有新作为、有大作为。

四是深厚群众文化基础是根本依据。山西群众文化传统深厚，众多民间艺术异彩纷呈，被誉为民歌的海洋、地方戏大省，几乎村村有戏台，体现了山西人民群众对艺术的热爱、对文化的追求。近年来，广场文化、大院文化、社区文化等基层文化日趋活跃，一方面文化惠民方式更加丰富，另一方面群众对享受文化实惠提出更高要求。这些都为建设文化强省提供了肥沃土壤和内在动力。

二、提升文化自觉

文化自觉是推动文化大发展大繁荣的思想基础和先决条件。一个转型跨越中的山西，必然也是文化充满活力、形象充分彰显、精神得到振奋的山西。必须把文化建设摆在更加突出的位置，融入全省发展大局，为全省转型跨越发展提供支撑和动力。

一要把建设文化强省作为再造一个新山西的重要目标。文化就其表现来说，既是社会事业，又是重要产业；既是意识形态，又是重要民生；既是社会生产力，又是推动经济发展的内在动力。实现再造一个新山西，文化必须有新发展；加快转型跨越发展，文化的转型跨越不可或缺。要从煤炭依赖中解放出来，走出转型发展新路，都有赖于文化的发展繁荣。省第十次党代表大会提出再造一个新山西的"七个新"目标中，都包含着文化的内容和要素。经济总量有新提升，包括文化产业增加值"十二五"末超过 1000 亿元，占地区生产总值 6% 左右；产业发展有新体系，一个重要方面就是大力发展文化等新兴产业，使文化产业成为支柱产业；区域发展有新格局，有赖于依托各地文化资源优势，建设文化景点或园区；民生福祉有新水准，实施文化惠民工程，构建公共文化服务体系，满足人民群众的精神文化需求是题中之意；社会管理有新作为，要求深入开展群众性精神文明创建活动，形成良好社会心态和氛围；生态环保有新局面，需要树立人与自然和谐相处等先进理念，倡导低碳、健康、文明生活方式；发展环境有新气象，离不开诚信文化建设，形成开放、包容、和谐的文化环境。由此可见，建设新山西与建设文化强省具有高度的关联性、相容性、一致性。

二要把建设文化强省作为转型跨越的主战场。山西经济是资源型经济，能源资源产业比重高、体量大。加快转型跨越，一个很重要的方面，就是要逐步提高文化等非煤产业比重，实现高碳发展向绿色发展转变，单一结构向多元结构转变，实现能源原材料大省和精神文化产品大省并驾齐驱。要统筹发挥好煤炭资源、文化资源两大优势，创新资源转化的思路和途径，像抓经济建设一样抓文化建设，像挖掘地下资源一样挖掘文化资源，对历史文化资源进行高端创意、深度发掘、高位开发。以资源换项目、换投资、换人才、换技术，既包括

省委书记、省人大常委会主任袁纯清在山西日报报业集团调研

用煤炭资源来换，也包括用文化资源来引，这样才能真正走出资源依赖向创新驱动转变的新路。文化强省建设是综改试验区建设的重要领域，要把文化强省建设纳入转型综改试验区规划中，把先行先试作为文化改革发展的最大政策和基本途径，在破解文化改革发展难题上先行先试，在重大文化项目上先行先试，在创新文化体制机制上先行先试，在大集团引领、形成各具特色各有重头戏的文化产业发展格局上先行先试。

三要把建设文化强省作为提升综合竞争力的关键举措。从世界范围看，经济的崛起必然伴随着文化的兴盛，欧美发达国家的文化产业已经成为国民经济的重要支柱，一般占到GDP的10%～12%。从全国看，各省的竞争也越来越表现为区域文化的竞争。谁占据了文化发展制高点，谁就拥有了强大文化软实力，谁就能在整个发展中赢得主动。我省发展文化产业有基础、有条件、有潜力，既要着力巩固能源基地的优势地位，充分发挥煤炭产业的基础作用，又要着力提高新兴产业占比率，尽快改变文化产业集中度低、市场竞争力不强的状况。我们提出未来五年文化产业增加值达到1000亿元，占地区生产总值比重达到6%左右，平均每年要提高将近0.6个百分点。必须选准发展路径，保持文化产业的强劲发展势头。

四要把建设文化强省作为全省上下的共同使命。建设文化强省的重任已经摆在我们面前，只有党委、政府高度重视，文化强省建设才能有效推进；只有大家都参与其中，文化强省建设才具有强大而持久的动力。要建立党委统一领导、党政齐抓共管、宣传部门组织协调、有关部门分工负责、社会力量积极参与的工作体制和工作格局，形成文化强省建设的强大合力。党政领导要自觉抓文化、着力兴文化，及时研究解决文化改革发展重大问题，牢牢掌握文化工作主导权。宣传思想文化部门要加强对文化强省重大理论和实践问题的研究，加强组织协调，推动文化强省建设规划任务的落实。各级文化组织和文化企业要充分发挥文化强省建设主力军作用。要动员广大干部群众和社会各界，学习先进文化、弘扬优良传统、践行时代精神，既要成为物质发展成果的创造者、享有者，也要成为精神文化成果的创造者、享有者。

三、实现文化自为

文化自信、文化自觉最终要落实到文化自为。文化强省重在建设，是干出来的。

（一）加强社会主义核心价值体系建设，构建强大精神支撑。核心价值是一切文化的内核。要加强理论武装。坚持用中国特色社会主义理论体系武装党员、教育人民、指导实践，把社会主义核心价值体系教育融入山西转型跨越发展的生动实践，让这一兴国之魂深入人心。要深入开展理想信念教育，开展形势政策教育、国情教育、革命传统教育、改革开放教育、国防教育，善用我省的红色资源

省委书记、省人大常委会主任袁纯清在大同调研文化产业

教育人民、教育下一代，使广大群众增强对党的理论的认同感、对党的事业的向心力，增强对中国特色社会主义的信念和信心。要凝聚发展共识。转型跨越发展，办好"两件大事"，既是一个实践问题，又是一个理论问题，既需要在实践中大胆探索，又需要从理论层面深入研究，特别是要做好理论与实践结合的文章。事实上，这方面已经提出了许多重大课题，比如，资源型经济转型这一世界性课题，以煤为基、多元发展这一山西特有的发展路径，综改试验区发展模式选择和政策支撑，后发地区跨越发展的规律和途径，三晋文化的深刻内涵和地域特色，等等，都需要认真研究探索，拿出令群众信服、易懂的答案，从理论和实践的结合上为转型跨越提供精神支撑。要提炼"山西精神"。山西人民是有精神的，有从战火硝烟中铸就的太行精神、吕梁精神，有在沙漠荒野上种出的右玉精神、纪兰精神，有驰纵几百年的晋商精神，等等，充分彰显了山西人民坚韧不拔、锐意进取、务

实诚信、敢于超越的可贵品格。要把这些宝贵精神财富整理好、挖掘好、弘扬好，并结合新的实践不断丰富完善，提炼升华富有山西特色、反映时代风貌、引领转型跨越的山西精神，并融入党的建设、理想信念教育等方面，使培育山西精神的过程，成为形成崭新文化成果的过程，成为实践社会主义核心价值体系的过程，使内在的精神动力外化为团结全省人民开拓前进的强大力量。

（二）提高舆论引导能力，为转型跨越发展营造良好氛围。思想空气和舆论环境是第一软环境。面对市场经济日益发展、对外开放不断扩大的新形势，面对各种思想文化交流交融交锋更加频繁的新挑战，面对群众精神文化需求多元多样多层的新要求，必须更加重视正确的舆论引导。要坚持正面宣传为主，坚持团结稳定鼓劲，大力弘扬主旋律，加强中央精神和省委、省政府重大决策部署的宣传，特别是加强十七大和十七届三中、四中、五中、六中全会精神的宣传，加强省第十次党代表大会精神的宣传，保证主流思想的广泛传播和强势地位，保证先进文化的普遍认同和健康发展。明年要召开党的十八大，要按照中央部署，制订详细方案，积极搞好宣传，形成迎接十八大的良好氛围和学习贯彻落实十八大精神的热潮。要塑造良好山西形象，通过新闻媒体和社会舆论，宣传积极面、张扬闪光点，大力宣传转型跨越发展的成就，大力宣传奋力赶超、开拓创新的风尚，大力宣传埋头苦干、求真务实的作风，大力宣传各行各业涌现出的典型。要加快建设现代传播体系，加快发展网络多媒体、移动新媒体等新兴传播体系，抓住有线电视网络实现"一张网"、三网融合发展等契机，促进传统传播方式与新技术的高端嫁接、有机融合，构建传播速度更快、覆盖面更广、影响力更大的现代传播体系，使我省的传播能力和水平与时代发展同步、与群众需求合拍。要提高舆论应对能力，善待媒体、善用媒体、善管媒体，加强新闻舆情研判，及时发布准确权威的信息，努力掌握话语权、主动权，做好重大突发事件新闻报道，提高新闻发布的质量和水平，增强舆论引导效果，增强网上工作与实际工作的互动，形成良好的网络文化环境。

省委书记、省人大常委会主任袁纯清在广灵县调研文化产业

（三）打造文化精品力作，彰显山西文化气概。创作生产更多无愧于历史、无愧于时代、无愧于人民的优秀作品，是文化繁荣发展的重要标志。优秀的文化作品，是价值观和时代感的结合，是智慧和艺术的结晶，可以超越区域、时间、文化的界限，传播广泛、影响久远。山西自古以来名家辈出，佳作不断，今天我们应当也有能力创造更多精品力作。要坚持思想性、艺术性、观赏性的统一。坚持社会主义先进文化前进方向，将社会主义核心价值体系贯穿于文化产品创作生产的全过程和各方面，加强对文化产品创作生产的引导，坚持以正确的价值观念、高超的艺术技艺、绚丽的表现手法反映人民群众的生动实践，创

作生产更多既通俗易懂又蕴含深刻、既水准精湛又雅俗共赏的文艺作品。要坚持社会效益和经济效益的统一。《立秋》、《千手观音》、《一把酸枣》、《解放》等精品,既是创作演出的成功,又是占领市场的成功。要坚持把社会效益放在首位,把社会主义核心价值体系浸润于人们喜闻乐见的作品中,同时要充分发挥市场整合配置资源的作用,通过先进理念、高端策划、有效运作,做到可视、可感、可消费,形成有鲜明地域特色、有较高质量和思想内涵的文化品牌,让文艺精品在文化产业发展中发挥先锋作用,让市场机制在文艺精品生产中发挥动力作用。要坚持挖掘历史底蕴和反映时代特征的统一。山西历史文化资源丰富。要正确处理传承与创新的关系,在深入挖掘山西丰富的历史文化和革命文化资源的同时,注入改革创新的时代元素,在时代发展大潮中回味厚重历史,创作出更多融历史感、时代美为一体的文化精品,使文化的生命力在传承中得到延续,在创新中得到张扬。

(四)建设覆盖城乡的公共文化服务体系,更加切实地推进文化惠民。群众是文化创造的主体,也是文化消费的主体和文化产品的最终评判者。满足人民群众基本文化需求是社会主义文化建设的基本任务,也是文化强省的重要标志。要提高公共文化服务能力,切实保障人民群众的基本文化权益,让群众文化消费有能力、文化活动有场所、文化内涵有载体、文化表现有机会。文化消费有能力,就是在文化消费进入快速增长期的情况下,一方面要丰富文化产品供给、培育消费热点、满足群众消费需求,另一方面要注重低收入群体、大学生、未成年人、农民工等特殊群体的文化需要。各类公共场所要为群众性文化活动提供便利,推动公共文化服务设施和爱国主义教育示范基地向社会免费开放服务,图书出版、商业演出、电影放映等都要考虑低收入群众的消费需求,有条件的地方要为困难群众和农民工文化消费提供适当补贴。文化活动有场所,就是要把文化发展繁荣的重心放在基层,优先安排基层文化建设项目,以大中城市公共文化服务设施为骨干,以县(市)、乡镇和社区文化设施为基础,建立覆盖城乡的公共文化服务设施体系。文化内涵有载体，就是要把笔用力于群众，把镜头对准群众，创作更多反映群众工作、生活、感情的作品，提供更多积极向上、格调高雅、情趣健康的文化产品，推出更多像《喜耕田的故事》那样反映现实生活的作品，推动送戏送书送电影下乡，扎实推进"流动文化服务"。文化表现有机会，就是要认识到文化只有深入群众，才有持久生命力；只有群众真正参与，才有广泛影响力。深入开展群众性精神文明创建活动，鼓励利用自有资源自创自办、自娱自乐，在文化建设中自我表现、自我教育，推动群众性文化活动向常态化、品牌化、特色化方向发展。

（五）加快发展壮大文化产业，把文化资源优势转化为产业优势。文化产业是朝阳产业、环保产业，也是民生产业、幸福产业。要把握当今世界文化产业发展趋势，牢固树立抓文化产业就是抢占经济社会发展制高点的新观念，把发展文化产业作为转型发展的重点领域，把满足群众文化需求作为扩大内需的重要组成部分。要坚持大企业大园区引领，推动省属文化产业集团健全法人治理结构，支持文化企业进行跨地区、跨行业、跨所有制的联合、兼并、重组，加快文化产业基地、园区和区域性特色文化产业集群建设。太原长风文化岛要推进会展、演出、展览、科技、旅游一体化建设，建成中西部文化高地。晋中文化生态保护实验区要科学规划，建成国家级文化名牌。要促进文化与旅游、科技的融合，按照做大在文化、拓展在旅游和创意在文化、扩张在科技的思路，健全文化与旅游、科技深度融合的体制和机制，以市场为导向、以企业为主体、以资本为纽带，大力发展新型文化业态，以五台山、平遥古城、云冈石窟为重点形成有鲜明地域特色、有较高文化内涵和产品附加值的文化品牌和转型标杆项目，推动传统文化产业优化升级。晋酒、晋醋、晋药要按文化其内涵、科技其提升、市场其拓展来打造。要形成多元投入格局，设立文化产业发展投资基金，确保文化支出占财政的比例逐年提高，并高于财政经常性收入增幅，扩大文化产业招商引资，鼓励各类融资担保基金和担保机构支持文化产业发展，引导社会资本尤其是民营资本和资源类企业投资文化产业。要实施文化强市、文化强县、文化强镇工程，这是文化强省的重要标志，也是示范引领力量。引导资源赋存好、工作基础好、积极性高的地方把文化产业作为发展的突破口，作为主导产业来培育，对文化产业进行整体规划，并从各方面给予倾斜支持，确保涌现一批文化强市、强县、强镇。

（六）形成充满活力的体制机制，打开文化发展的源头活水。改革带动文化大发展、创新促进文化大繁荣。要抓住建设转型综改试验区的机遇，进一步探索文化改革的新思路新机制，以改革盘活存量资源，以发展解决深层矛盾。要做到文化单位有活力，深化国有文化单位改革，加快推进经营性文化单位、非时政类报刊出版单位转企改制，全面推进文化事业单位人事、收入分配、社会保障制度改革，推动党报党刊、广播电视台等文化事业单位完善管理运行机制。要做到文化从业人员有活力，建立健全激励保障、监督约束机制，完善文化领域干部交流制度，妥善解决转企改制过程中的人员分流安置和社会保障等问题，对各类文化单位人员评定职称、参与培训、申报项目、表彰奖励等给予同等待遇，在条件成熟的国有文化企业试行期权、股权激励，对文化名人名家在工作和生活上给予更多关心支持，对获得国家级重大奖项的文化企业和文化人才进行配套奖励。要做到文化要素资源有活力，坚持行政引导与市场调节相结合，促进生产要素和社会力量向文化产业聚集，加大财政、税收、金融、用地等方面的政策扶持力度，引导社会资本、非公有制文化企业以多种方式参与国有经营性文化单位转企改制。要做到文化机制有活力，深化文化行政管理体制改革，完善文化市场管理，加强国有文化资产监管，建立和完善文化重点项目联动机制，建立统一开放竞争有序的现代文化市场体系，建立科学的文化管理体制和富有活力的文化产品生产经营机制。

（七）建设宏大的文化人才队伍，以人才集聚推动文化发展。文化是最需创造力、最具个性化的领域。建设文化强省，队伍是基础，人才是关键。要在解放思想中把握文化人才发展规律。深入研究文化人才培养成长规律，突出实践锻炼、培训教育、制度保障，加大人才政策创新力度，破除束缚人才发展的思想观念和体制机制障碍，倡导深入实际，鼓励创造创新，支持艺术探索，形成人才辈出、活力迸发的局面。要把培育与引进有机结合起来。统筹各个类别、各个层次人才的开发，健全文化人才选拔使用、评价激励机制，建立和完善文化人才数据库。既要积极引进高端人才和领军人物，建立文化人才引进绿色通道，把引进高层次文化人才纳入"百人计划"；又要大力培养山西本土人才，鼓励扶持有条件的高等院校开设文化创意、数字动漫、新技术、新媒体等专业，培养文化产业经营管理、高新技术、新媒体等领域急需人才。既要重视高端人才和专业人才，注重他们作用的发挥；又要重视草根人才，发掘培养扎根基层的文化能人、民间文化传承人和文化积极分子。要在创造良好环境上有新突破。把文化建设贯穿到各项工作中，重视培育各行各业的特色文化，用文化提升品味、引领发展。充分尊重作家、艺术家和学者的创造性劳动，合理提高文化人才的待遇水平，为文化人才提供事业平台、创造发展条件，在全社会形成热爱文化、传承文化、发展文化的浓厚氛围。

同志们，建设文化强省前景广阔、大有可为。在办好"两件大事"的征程中，我们有决心、有信心开创文化强省建设的新局面，谱写三晋文化繁荣发展的新篇章。让我们紧密团结在以胡锦涛同志为总书记的党中央周围，勇于创新、埋头苦干，以文化大发展大繁荣的优异成绩迎接党的十八大胜利召开！

在文化强省建设大会上的讲话

（2011 年 12 月 28 日）

中共山西省委副书记、省长　王　君

今天，省委、省政府召开推进文化强省建设大会，会议的主要任务是贯彻落实党的十七届六中全会和省第十次党代会精神，总结近年来我省文化改革发展所取得的成绩，分析当前面临的新形势、新任务，安排部署今后一个时

省委副书记、省长王君在山西文化强省建设大会上讲话

期的文化建设工作，进一步动员全省上下按照建设文化强省的目标，推动文化大发展大繁荣。刚才，会议对全省文化体制改革和文化建设先进单位进行了表彰。一会儿，纯清书记还要作重要讲话，大家要认真抓好贯彻落实。

下面，我先讲几点意见。

一、充分认识新形势下加强文化建设的重大意义，进一步增强推进文化建设的责任感和紧迫感

文化是民族的血脉，是人民的精神家园。文化建设是中国特色社会主义事业总体布局的重要组成部分，在全面建设小康社会和现代化建设中的地位和作用日益突出。党中央、国务院十分重视文化建设。党的十七大从党和国家事业发展全局出发，对兴起社会主义文化建设新高潮、推动社会主义文化大发展大繁荣作出了战略部署。党的十七届六中全会专题研究文化建设，审议通过了《中共中央关于深化文化体制改革、推动社会主义文化大发展大繁荣若干重大问题的决定》，深刻阐述了坚持中国特色社会主义文化发展道路的重要意义，科学确定了建设社会主义文化强国的战略目标，明确提出了新形势下推进文化改革发展的指导思想、重要方针、工作任务和政策措施。中央的一系列决策部署，进一步指明了文化改革发展的方向，也必将对社会主义文化大发展大繁荣乃至经济社会发展起到巨大的推动作用。

近年来，省委、省政府认真贯彻落实中央关于文化改革发展的工作要求和工作部署，大力实施文化强省战略，深化文化体制改革，加快文化事业和文化产业发展，取得了明显的成效：

一是文化建设的组织领导不断加强。省委、省政府高度重视文化工作，省委常委会、省政府常务会多次专题研究文化建设问题；为及时协调解决文化改革发展中遇到的重大问题，省里成立了文化体制改革和文化产业发展领导组，由省政府主要领导任组长，省委、省政府分管领导任副组长，领导组成员单位包括省委宣传部、省发改委、省财政厅等有关部门，从组织层面加强了对文化工作的领导和指导；围绕加快推动文化改革发展，去年5月我们集中进行了专题调研，提出要在深化文化体制改革、文化产业发展、文化精品创作、公共文化服务体系建设和发展新型文化业态等五个方面有新进展。在此基础上，又将文化旅游产业发展列为19个重大课题之一，进行了深入研究，并在"十二五"规划中对文化建设作出了具体部署。各地也加强了对文化建设的组织领导，将文化建设摆上了重要位置。

二是文化体制改革成效明显。在经营性文化单位转企改制方面，全省共有488家完成转企改制任务，其中出版发行行业、影视剧制作发行放映领域、党报发行机构、文艺演出院团改革任务全面完成，组建了出版传媒集团、广电网络集团、演艺集团、山西日报传媒集团、广电传媒集团、影视集团等省级六大文化集团；在文化管理体制改革方面，全省11个市、119个县（市、区）全部实现了文化、广电、新闻出版三局合一，电台、电视台两台合一，成立了文化市场综合执法队伍；在公益性文化事业单位改革方面，完成了分类改革，目前正在进行内部人事、收入分配和社会保障等方面的改革。

三是公共文化服务体系基本建立。按照公益性、基本性、均等性、便利性的要求，大力推进文化基础设施建设，省体育中心、大剧院、图书馆、科技馆和太原美术馆、博物馆等重大文化设施全部建成，县县都有了图书馆、文化馆，乡镇都有了文化站，村村都有了文化室，城乡公共文化服务体系基本建立。特别是在广大农村实现了广播电视全覆盖，农村文化体育场所全覆盖工程正加快推进。与此同时，文化信息资源共享、乡镇文化综合服务和农村电影放映等文化惠民工程扎实推进，公共文化服务的质量和水平明显提高。

四是文化产业发展方兴未艾。大力实施重大项目带动战略，加快发展新闻出版、广播影视、文化演艺、休闲娱乐、工艺美术、动漫游戏、文博会展等重点产业，涌现出一批有实力的文化企业，特别是《语文报》、《英语周报》稳居全国同行业的领军地位，《英语周报》还获得全国为数不多的出版类"中国驰名商标"，提升了我省文化产业在全国的影响力。与此同时，规划建设了一批文化产业示范基地、示范园区和特色文化产业集群。在重大项目、骨干企业、产业园区和产业集群的有力带动下，我省文化产业得到快速发展。2010年，全省文化产业增加值达到 280 亿元，是 2005 年的 2.6 倍，占 GDP 的比重由 2005 年的 2.5% 提高到 3.1%，高出全国平均水平 0.3 个百分点。

五是文化精品创作成果丰硕。近年来，创作出了《立秋》、《一把酸枣》、《解放》、《走西口》、《八路军》、《乔家大院》、《喜耕田的故事》、《千手观音》等一大批群众喜闻乐见的文艺作品，先后有 44 人次获得代表全国戏曲艺术最高成就的梅花奖，5 人获鲁迅文学奖，一批精品剧目荣获"文华大奖"、全国话剧优秀剧目展演一等奖、"五个一工程"优秀剧目奖。这些精品剧目和具有山西地方特色的鼓乐、民间舞蹈、民间戏剧，不仅在国内引起较大反响，而且先后在美国、法国、澳大利亚等数十个国家和地区进行演出，为弘扬传播中华文化，实现中华文化"走出去"作出了积极贡献。

六是文化改革发展的氛围日益浓厚。持续加大资金投入力度，仅 2009 年、2010 年两年全省文化建设就投入 1700 多亿元，其中政府投入 270 多亿元。省里一次性投入 6000 万元支持山西日报集团发展，投入 5000 万元支持五大文化集团转企改制，投入 1.4 亿元为所有行政村配送文化活动器材；每年还拿出 5000 万元专项资金，对重点文化产业园区、文化产业基地和文化主题公园建设以及传统文化产业改造升级、新型文化业态发展进行扶持。与此同时，加大政策支持力度，出台了社会保障、财税、金融、土地等方面的优惠政策措施，形成了支持文化改革发展的强大合力，营造了推动文化大发展大繁荣的浓厚氛围。

在肯定成绩的同时，我们也要清醒地看到，我省文化建设总体上滞后于经济建设，文化资源的开发和利用还远远不够，与文化资源大省的地位还不相称，突出表现在：文化资源配置不够合理，城乡之间、区域之间发展不平衡；公共文化服务体系尚不完善，服务质量和水平有待进一步提高；文化产业总体规模偏小，产业层次低、集中度不高，市场竞争力还不强；文化与旅游、科技的融合发展不够，文化的作用还没有充分发挥出来；传统媒体文化传播能力不强，网

省委副书记、省长王君参加平遥国际摄影节活动

络等新媒体发展不足和规范不够的问题并存；影响和制约文化发展的深层次问题仍然存在，文化体制机制改革有待进一步深化，等等。对于这些问题，必须采取切实有效的措施加以解决。

未来五年，是我省加快科学发展的黄金期、推动转型跨越的机遇期、实现全面小康的关键期。加强文化建设、推动文化大发展大繁荣，对于圆满完成"十二五"规划，顺利实现省第十次党代会提出的宏伟目标，具有十分重要的意义。

第一，加强文化建设是率先走出资源型地区转型跨越发展新路的必然要求。发展文化产业，不仅有利于促进经济增长，而且有利于优化产业结构、扩大居民消费、增加就业岗位。从发达国家来看，美国的文化产业已经成为第一大出口创汇产业，日本的文化产业规模已超过电子业和汽车业，韩国文化产业中的创意产业产值已超过汽车业。从先进省份看，北京、上海、广东、江苏、湖南、湖北、云南等省市文化产业增加值占 GDP 的比重都超过了 5%，已经成为当地的支柱产业。我省是典型的资源型省份，既有丰富的自然资源，又有深厚的文化底蕴，但现实情况是产业结构畸重，支柱产业单一，且集中在煤炭、焦炭、冶金、电力等传统产业。加快发展文化产业，就成为推进转型跨越发展的重要内容。我们必须采取切实有效的措施，大力发展文化产业，力争"十二五"末全省文化产业增加值达到 1000 亿元以上，占地区生产总值 6% 左右，使文化产业真正成为我省的支柱产业。

第二，加强文化建设是实现全面建设小康社会总体目标的重要内容。全面建设小康社会，既要让人民群众过上殷实富足的物质生活，又要让人民群众享有健康丰富的文化生活。文化的繁荣发展既是实现全面建设小康社会目标的重要标志，也是衡量民生改善程度和社会幸福指数的重要指标。国际经验表明，当人均 GDP 达到或者超过 3000 美元，文化消费需求将呈现快速增长的态势。今年我省人均 GDP 已接近 5000 美元，人民群众的精神文化需求日益增多，对加快文化建设提出了新的更高的要求。为此，我们必须因势利导，加快发展文化事业，大力发展文化产业，为人民群众提供更加丰富、优质的文化产品和服务，不断满足人民群众多层次多样化的文化需求，努力实现物质生活和精神生活水平同步提升、物质财富和精神财富共同增长。

第三，加强文化建设是增强我省综合竞争力的有效举措。当今世界，国家、地区之间的竞争不仅取决于经济、军事、科技等硬实力，而且取决于政治、文化等软实力。在特定历史条件下，文化软实力甚至是起决定性作用的支撑力量。对于一个国家如此，对于一个地区来讲同样如此。目前，全国已有 20 多个省份提出了建设文化强省的目标，采取强有力的措施大力推进文化建设。面对百舸争流、千帆竞发的竞争局面，我们必须在新一轮的文化建设大潮中，抓住机遇，赢得主动，加快推动文化改革发展，努力形成经济硬实力与文化软实力相互支撑、共同发展的良好局面，不断增强我省综合竞争力。

第四，加强文化建设是实现我省由文化资源大省向文化强省转变的根本途径。我省作为文化资源大省、中华民族和中华文明的重要发祥地之一，历史悠久，文化灿烂，素有"五千年文明看山西"的美誉，拥有全国最多的国家级文物保护单位和为数众多的历史文化名城、名镇、名村，晋商文化、佛教文化、关公文化、根祖文化、红色文化誉满天下。要实现由文化资源大省向文化强省的转变，就必须加快文化改革发展，充分发挥我省得天独厚的文化资源优势，促进资源优势转化为产业优势、经济优势和发展优势，让三晋文化焕发出新的生机和活力，为转型跨越发展、再造一个新山西提供强大精神动力。

当前，加强文化建设正逢其时。各级各部门要认真学习贯彻党的十七届六中全会精神，进一步增强责任感和紧迫感，充分利用转型综改试验区这一平台，先行先试、大胆改革，大力发展文化事业和文化产业，努力建设中西部地区文化强省。

二、准确把握文化建设的特点和规律，加快推进社会主义文化大发展大繁荣

当今世界，文化越来越成为民族凝聚力和创造力的重要源泉、越来越成为综合国力竞争的重要因素、越来越成为经济社会发展的重要支撑，丰富精神文化生活越来越成为广大人民的热切愿望。具体来讲，文化的特点和规律，首先是属性的双重性。文化既有商品、产业、经济的一般属性，又有意识形态的特殊属性。这就要求我们在工作中，既要毫不动摇地坚持马克思主义的指导地位，坚持先进文化的前进方向，把社会效益放在首位；又要坚持社会效益与经济效益的有机统一，努力实现社会效益与经济效益的最大化，这是文化全面协调可持续发展的重要前提。其次是渗透的广泛性。文化无处不在、无时不有，渗透在经济、政治、社会等各个领域，对推动经济增长、提升经济发展质量的作用日益突出；对树立民主法治、自由平等、公平正义的理念，培育自尊自信、理性平和、积极向上的心态，推进民主政治建设意义重大；对于纾解社会情绪、营造和谐稳定局面具有独特作用。因此，我们必须从中国特色社会主义事业总体布局出发，同步推进经济、政治、文化和社会建设，形成几者良性互动、协调发展的局面。第三是需求的多样性。随着经济社会全面发展和物质生活水平的提高，人民群众的精神文化需求呈现出高品质、多样化、个性化的特点，求知求乐求美的愿望日益迫切。但无论从国家层面还是我省来讲，文化产品和服务既有总量不足的问题，也有结构不优的问题。因此，我们既要大力发展公益性文化事业，加强公共文化服务，保障人民群众的基本文化权益；又要加快发展文化产业，满足人民群众的多样化精神文化需求。第四是传承的创新性。文化引领时代风气之先，是最具创新的领域。中华文明之所以能够历经数千年绵延不绝、薪火相传，博大精深、生机盎然，就是因为做到了包容并蓄、和谐共生、美美与共、与时俱进。当前，面对外来文化与本土文化交流交融交锋更加频繁的新形势，必须在继承发扬优秀传统文化并不断赋予其新的时代内涵的同时，充分吸收借鉴其他文化的优秀成果，做到为我所用；顺应文化与信息、科技、旅游深度融合发展的新趋势，必须着力推动文化的创新创造，不断解放和发展文化生产力。

在新的历史条件下，加强文化建设，必须准确把握文化建设特点、遵循文化建设规律，按照中央的决策部署，推进我省文化建设。要全面贯彻党的十七大和十七届六中全会精神，高举中国特色社会主义伟大旗帜，坚持中国特色社会主义文化发展道路，以马克思列宁主义、毛泽东思想、邓小平理论和"三个代表"重要思想为指导，以科学发展为主题，以改革创新为动力，以建设社会主义核心价值体系为目标，以满足人民精神文化需求为宗旨，以引领山西发展、提升山西形象、增强山西综合实力为根本，发展面向现代化、面向世界、面向未来的，具有山西特色、民族风格、中国气派的社会主义文化，以高度的文化自觉和文化自信，全面抓好文化建设，全面提高全省人民的文明素质，加快文化强省建设步伐，努

省委副书记、省长王君在山西出版传媒集团调研

力实现文化跨越发展。

昨天，省委十届二次全会通过了我省加快建设文化强省的实施意见，对当前和今后一个时期我省文化改革发展作出了全面部署，各地各部门要切实抓好贯彻落实。这里，我再强调几点：

（一）加强教育、积极引导，着力推进社会主义核心价值体系建设。社会主义核心价值体系是兴国之魂，是社会主义先进文化的精髓。要坚持把社会主义核心价值体系融入国民教育、精神文明建设和党的建设全过程，贯穿改革开放和社会主义现代化建设各领域，体现到精神文化产品创作生产传播各环节，巩固形成全省人民团结奋斗的共同思想道德基础。

强化思想理论武装。要坚持马克思主义指导地位，坚持不懈地用中国特色社会主义理论体系武装党员干部、教育群众，推动学习实践科学发展观向深度和广度拓展。深入推进学习型党组织和学习型领导班子建设，强化干部选学和在线学习，完善考学、评学、述学制度，引导党员干部带头学习实践社会主义核心价值体系，以党员干部的模范行为感召群众、带动群众。

深化理想信念教育。要紧密结合国情省情实际，结合中国特色社会主义的生动实践，进一步深化理想信念教育，深入开展形势政策教育、革命传统教育、改革开放教育、国防教育，引导干部群众在重大思想理论问题上划清是非界限、澄清模糊认识，有力抵制各种错误和腐朽思想影响，进一步坚定对中国特色社会主义的信心和信念。

大力弘扬民族精神和时代精神。深入开展以爱国主义为核心的民族精神教育，大力弘扬爱国主义、集体主义、社会主义思想；广泛开展以改革创新为核心的时代精神教育，引导干部群众始终保持昂扬向上、奋发进取的精神状态，以思想的大解放推动事业的大发展。要深入挖掘和弘扬太行精神、吕梁精神、右玉精神等山西人民长期以来培育形成的宝贵精神，在转型跨越的伟大实践中进一步锻造锤炼"山西精神"，以此凝聚人心、鼓舞斗志。要切实加强爱国主义教育基地的建设、管理和使用，尽快启动省党史纪念馆（革命博物馆）建设，用好我省丰厚的红色旅游资源，发挥好资政育人的作用，更好地展示山西、宣传山西。

树立和践行社会主义荣辱观。要以社会主义荣辱观引领社会风尚，不断拓展群众性精神文明创建活动，加强社会公德、职业道德、家庭美德和个人品德教育，倡导爱国、敬业、诚信、友善等道德规范，引导培育积极向上、理性平和、宽厚包容的社会心态，着力提升全社会文明水平。特别是要加强学校德育体系建设，动员社会各方面共同做好青少年思想道德教育工作。

（二）面向基层、夯实基础，大力发展公益性文化事业。大力发展公益性文化事业，满足人民基本文化需求是社会主义文化建设的基本任务。要坚持政府主导，按照公益性、基本性、均等性、便利性的要求，加强文化基础设施建设，完善公共文化服务网络，让群众广泛享有基本公共文化服务。

加大文化基础设施建设力度，构建公共文化服务体系。要抓好山西大剧院、省图书馆等重大文化工程的管理和运营，积极推进山西广电中心等重点工程建设。加大市及县级图书馆、文化馆、体育场馆等建设力度，大力实施"万村千乡文化设施建设工程"，支持各地建设一批综合性、多功能、具有地方特色的公共文化设施。特别要加快推进农村文化体育场所建设，确保明年完成全覆盖的任务。加快整合全省有线电视网络，明年实现全省"一张网"目标。要以公共财政为支撑，以公益性文化单位为骨干，以社区、农村为重点，以保障群众基本文化权益为主要内容，尽快建立健全覆盖城乡、结构合理、功能健全、实用高效的公共文化服务体系。

加大文化惠民力度，提高公共文化服务能力。要加快城乡文化一体化发展步伐，巩固广播电视村村通成果，继续实施文化信息资源共享、农村电影放映和农家书屋等重点文化惠民工程，扩大覆盖面，改进管理和服务；深入开展群众性文化体育活动，推动文化科技卫生"三下乡"、科技文体法律卫生"四进社区"和"送欢乐下基层"等活动经常化；通过采取开辟场所、搭建平台，鼓励支持群众自创自办、自娱自乐，开展多种形式丰富多彩的文化活动；积极推进公共文化服务设施和爱国主义教育示范基地向社会免费开放服务；积极引导和鼓励社会力量通过兴办实体、资助项目、赞助活动等形式参与公共文化服务，促进公共文化服务多元化和社会化。

加大保护建设力度，加强优秀传统文化传承。继续实施重点文物保护工程，加大国家和省级自然遗产地、重点文物保护单位、历史文化名城名镇名村保护建设力度，积极开展应县木塔等申遗相关工作。进一步完善省市县三级非物质文化遗产名录体系，积极申报国家级非物质文化遗产。广泛开展优秀传统文化教育普及活动，切实抓好优秀传统文化的保护和发展。

（三）突出特色、打造品牌，做大做强文化产业。发展文化产业是社会主义市场经济条件下满足人民群众多样化精神文化需求的重要途径。要坚持把社会效益放在首位、社会效益和经济效益相统一的原则，按照全面协调可持续发展的要求，大力实施"大作品、大集团、大景点、大会展、大服务"战略，推动文化产业尽快成为我省新的支柱产业和经济增长点。

在行业层面，要发展壮大出版发行、影视制作、印刷包装、演艺娱乐、广告会展等传统文化产业，加快发展文化创意、数字出版、移动多媒体、动漫游戏等新兴文化产业。要实施重大项目带动战略，加快文化产业示范基地和文化产业园区建设，重点扶持一批引导性、带动性强的重大文化产业项目。要大力推进佛教与边塞文化产业区、晋商文化产业区、根祖文化产业区、太行文化产业区和黄河文化产业区等五大特色文化产业区建设，打造区域性特色文化产业集群。要发挥晋中地区具有深厚而独特的历史文化遗存的优势，研究推进晋中文化生态保护实验区建设。要继续深入实施文化产业发展"一策一业一品一节一剧"工程，形成省市县三级联动的文化产业发展格局。

在企业层面，要大力培育壮大骨干文化企业，积极支持省出版传媒集团、广电网络集团、演艺集团、山西日报传媒集团、广电传媒集团、影视集团等六大文化产业集团发展，加快组建省体育产业集团、旅游产业集团，打造"文化晋军"品牌。鼓励企业开展连锁经营，积极推动全省电影院线特别是中小城市和农村数字电影院线建设，大力支持民营院团发展。鼓励文化企业进行跨地区、跨行业、跨所有制的联合、兼并、重组，支持有条件的文化企业上市。扶持小型微型文化企业发展，形成大中小微各类企业优势互补、各展其长、共同发展的良好格局。

在市场体系层面，一方面，要重点发展文化产品市场，注重打造综合市场平台，大力发展现代流通组织和流通形式，构建高效便捷的文化产品流通网络。另一方面，要加快培育产权、版权、技术、信息等文化要素市场，加强行业组织建设，积极发展各类文化中介服务机构，促进文化要素的合理配置和有序流动。

省委副书记、省长王君观看演出后接见演员

　　这里，我重点强调一下文化与旅游、文化与科技融合式发展的问题。推动文化与旅游和科技的深度融合，既是现代文化产业发展的普遍规律，也是我省的优势和潜力所在，是实现文化产业跨越式发展的一个重要突破口。要依托我省深厚的文化资源，抓紧策划文化旅游资源开发项目，加快推进重点景区和重大旅游项目建设，重点打好特色牌、历史牌、精品牌，推出地域特色鲜明、适合游客观赏的演艺节目，开发体现文化底蕴、具有浓郁地方特色的文化产品；进一步扩大提升平遥国际摄影大展等现有文化活动的影响力，打造具有山西特色、全国影响的节庆活动，实现文化、旅游产业的互动和融合发展。同时，要在文化领域广泛应用现代科技，不断提高文化技术装备水平，改进文化创作、生产和传播方式，促进新兴文化产业发展。加快建立省级文化和科技融合示范基地，重点打造以太原高新区为中心、辐射全省的文化创意产业集聚区和数字出版基地，培育一批核心竞争力强的文化科技企业。

（四）弘扬主旋律、提倡多样化，加强优秀文化作品创作。要全面贯彻"二为"方向和"双百"方针，贴近实际、贴近生活、贴近群众，为人民群众提供更多更好的精神食粮。

大力实施精品战略。广大文艺工作者要进一步学习和弘扬赵树理、马烽等老一辈文艺工作者的优良传统，深入实际、深入群众、深入生活，在实践和群众中汲取营养，善于发现我省转型跨越实践中的鲜活素材，以炽热的感情、生动的笔触、优美的旋律、感人的形象，创作出更多思想性艺术性观赏性相统一、人民喜闻乐见的优秀文艺作品。要组织实施好"五个一工程"等重大文化工程，创作出一批讴歌时代精神、体现优秀传统、具有山西特色的文艺精品。要繁荣发展哲学社会科学，以重大现实问题为主攻方向，加强对全局性、战略性、前瞻性问题研究，加快哲学社会科学成果转化，更好地服务转型跨越发展。要完善文化产品评价体系和激励机制，把遵循社会主义先进文化前进方向、人民群众满意作为评价作品的最高标准。要发扬学术民主、艺术民主，营造积极健康、宽松和谐的氛围，激发文化创作生产活力。要加大优秀文化产品推介力度，加强对外文化交流合作，让三晋文化更好地走向全国、走向世界。

加强和改进新闻舆论工作。牢牢把握正确导向，坚持正面宣传为主，壮大主流舆论，及时宣传中央和省委、省政府的重大决策部署，宣传我省转型跨越发展的好形势、新成就，宣传我省利民惠民富民的好政策、新举措，做到家喻户晓、深入人心。要加强舆情分析研判和热点难点问题引导，切实改进舆论监督，有效推动党和政府高度重视、群众反映强烈的实际问题的解决。做好重大突发事件新闻报道，完善省市县党委、政府新闻发布及信息公开制度。加强党报党刊、电台电视台等重要媒体建设，支持省主要媒体发展网络多媒体、移动多媒体等新兴传播载体，扩大有效覆盖面。

发展健康向上的网络文化。一手抓好网络文化建设，实施网络内容建设工程，积极推进我省优秀传统文化瑰宝和当代文化精品网络传播；广泛开展文明网站创建活动，推动文明办网、文明上网。一手抓好网络文化管理，加强网络法制建设，规范网上信息传播秩序，依法惩处传播谣言和淫秽、色情等有害信息的行为，严厉打击网络违法犯罪。要特别注意发挥好、引导好、保护好网民在网络文化建设中的积极性和创造性，鼓励创作健康高雅的网络文化作品，坚决抵制攻击诋毁、低俗恶搞等不文明行为，培育倡导真善美的网络文化，更好地服务和促进我省转型跨越发展。

（五）巩固成果、突破难点，进一步深化文化体制改革。要把深化改革作为加快推进文化强省建设的强大动力和根本途径，着力破解制约文化发展的深层次矛盾和问题，不断解放和发展文化生产力。

深入推进经营性文化单位改革。加快推进非时政类报刊出版单位、新闻网站转企改制，确保明年上半年全面完成改革任务。巩固拓展出版、发行、影视、演艺院团改革成果，鼓励通过产权制度改革、引入战略投资者，加快公司制股份制改造，完善法人治理结构，建立符合现代企业制度要求、体现文化企业特点的资产组织形式和经营管理模式，培育合格的市场主体。

稳步推进公益性文化事业单位改革。着眼于突出公益属性、强化服务职能、增强发展活力，探索建立事业单位法人治理结构，积极推进公益性文化单位人事、收入分配和社会保障制度改革，推行全员聘用制和岗位责任制，完善绩效考评机制，激发事业单位的发展活力。创新公共文化服务设施运行机制。积极探索适合基层特点、适应群众需要的新的文化服务方式，使公共文化服务更好地向城乡基层延伸。

加快推进文化管理体制改革。要进一步转变政府职能，推动政企分开、政事分开，理顺政府和文化企事业单位的关系。按照权利、义务和责任相统一的要求，建立健全管人、管事、管资产、管导向相结合的国有文化资产管理体制。制定和完善相关法律法规，提高文化建设法制化水平。坚持主管主办制度，落实谁主管谁负责和属地管理原则，严格执行文化资本、文化企业、文化产品市场准入和退出政策，做到依法管理、科学管理、有效管理。

三、强化组织领导、完善政策措施，为建设文化强省提供有力保障

建设文化强省，是全省人民的共同事业。各级、各有关部门要切实把思想和行动统一到中央和省委、省政府的决策部署上来，像抓煤炭资源整合一样抓文化资源整合，像抓经济建设一样抓文化建设，进一步兴起文化建设新高潮，努力开创文化强省建设的新局面。

（一）进一步加强组织领导。各级党委、政府要把文化建设摆在全局工作的重要位置，纳入经济社会发展总体规划，做到与经济建设、社会建设同部署、同推进、同考核。要建立健全党委统一领导、党政齐抓共管、宣传部门组织协调、有关部门分工负责、社会力量积极参与的工作体制和工作格局，形成推进文化建设的强大合力。各级领导干部要加强文化理论学习和文化问题研究，提高文化素养，努力成为领导文化建设的行家里手。特别是在工作中，要努力做到"四个相结合"，既要统一思想，提高认识，又要明确目标任务，狠抓工作落实，使虚与实更好地结合起来；既要充分发挥党委政府的主导作用，又要发挥市场在文化资源配置中的积极作用，使政府与市场"两只手"更好地结合起来；既要科学制定中长期发展规划，又要统筹安排当前重点工作，使长远目标与近期任务更好地结合起来；既要深化改革、创新体制机制，又要加大资金投入、强化政策支持，使刚性指标与柔性要求更好地结合起来，通过卓有成效的工作，推动全省文化建设再上新台阶。

（二）多渠道加大资金投入。要切实加大财政投入力度，保证公共财政对文化建设投入的增长幅度高于财政经常性收入增长幅度，并不断提高文化支出占

财政支出的比例。要扩大公共财政覆盖范围，完善投入方式，加强资金管理，提高资金使用效益，更好地保障公共文化服务体系建设和运行。省、市、县三级要设立农村文化建设专项资金，并确保一定数量的中央转移支付资金用于乡镇和村文化建设。要逐步提高省级文化产业发展专项资金额度，设立省级文化发展基金，提高彩票公益金用于文化事业的比重。要积极引导金融机构加大对文化建设的信贷支持，支持有条件的文化企业上市融资，鼓励民间资本投资文化服务、参与公共文化设施建设，构建市场化、多元化的文化投融资渠道。

（三）完善相关扶持政策。继续执行好中央有关文化体制改革配套政策，对转企改制国有文化单位扶持政策执行期限再延长五年。将文化体制改革经费列入各级财政年度预算，重点解决改革成本支付和转企改制单位发展启动资金等问题。落实和完善文化经济政策，鼓励社会力量捐助和兴办公益性文化事业，引导文化非营利机构提供公共文化产品和服务。采取政府采购、项目补贴、定向资助、贷款贴息、税收减免等政策措施鼓励各类文化企业参与公共文化服务。

（四）加强文化人才队伍建设。建设文化强省，人才是关键。一方面要加大文化人才培养力度，以培育理论、新闻、出版、文艺等方面人才为重点，造就一批国内一流、业内公认、人民满意的文化拔尖人才和领军人才。另一方面要加大文化人才引进力度，拿出一些关键岗位进行全国招聘，引进一批文学艺术、广播影视、动漫游戏、资本运营等我省文化产业发展急需的专业人才，特别是要引进既懂文化产业发展、又熟悉经营管理，既有组织才能、又有操作能力的复合型人才。要加强基层文化人才队伍建设，在机构、人员编制、学习培训、待遇保障等方面予以倾斜，配备好乡镇、街道宣传文化干部，重视培养扎根基层的乡土文化能人、民族民间文化传承人和文化积极分子，不断壮大基层宣传文化队伍。要完善人才激励机制，充分调动广大文化工作者的积极性，形成各类文化人才竞相涌现、优秀人才脱颖而出的生动局面，为加快推进我省文化建设提供强有力的人才保障。

（五）着力营造文化改革发展的浓厚氛围。各级党委、政府要把文化改革发展成效纳入经济社会发展考核评价体系，作为衡量领导班子和领导干部工作业绩的重要依据，形成人人有责任、有担子，一级抓一级、层层抓落实的工作机制。要加强工作指导和监督检查，确保中央和我省加强文化建设的各项政策措施和决策部署落到实处。要强化舆论宣传，充分利用新闻媒体，广泛宣传加快文化改革发展的重大意义，发现和树立典型，推广先进经验，营造推进文化建设的浓厚氛围。

同志们，山西文化大发展大繁荣的新征程已经开启。让我们紧密团结在以胡锦涛同志为总书记的党中央周围，在省委、省政府的领导下，以高度的文化自觉和文化自信，全面推动社会主义文化大发展大繁荣，为加快全省转型跨越发展、实现再造一个新山西的目标作出新的更大的贡献！

文化体制改革

WENHUATIZHIGAIGE

改革春潮涌动三晋

近年来，山西省委、省政府在转型发展、跨越发展，再造一个新山西的实践中，不断加强中央关于深化文化体制改革、推动社会主义文化大发展大繁荣战略思想的认识，深入贯彻胡锦涛总书记提出的"三加快、一加强"重要指示，按照"加大力度、加快进度、巩固提高、重点突破、全面推进"的总要求，全力推进文化体制改革，取得显著成效。截至目前，按照中央确定的"时间表"、"路线图"和"任务书"，山西文化体制改革各项阶段性重点任务全面完成，2010年和2011年连续两年被评为全国文化体制改革先进地区。

2011年4月30日在全国文化体制改革工作会议上山西荣获"全国文化体制改革先进地区"荣誉称号

一、积极主动，真抓真改，全面完成各项阶段性改革任务

目前，山西共有488家文化单位完成改革任务，核销事业编制15 000余个。

出版发行单位、电影发行放映和电视剧制作单位改革任务全面完成。包括山西出版集团在内的所属110家新华书店、10个出版社全部完成转企改制任务。山西电影制片厂、山西省电影公司、山西广播电视台电视剧制作中心等省、市、县三级154家电影发行放映和电视剧制作中心全部完成转企改制任务。

广播电视局台分离、网络整合和网络中心转企改制任务全面完成。省、市、县三级实现局台分离，组建了广播电视台。省委、省政府多次开会专题研究网络整合，由省广播电视台出资组建了省级整合主体，召开了全省广电网络整合动员大会，11个市全部签署了整合协议，加入了全省一张网，任命了市级分公司负责人，确立了总分公司、垂直管理的架构，全省广电网络"统一规划、统一建设、统一运营、统一管理"的"四个统一"的格局已经形成，新的网络公司已经注册并正式运营。

组建综合执法机构和文化行政责任主体改革任务全面完成。全省11个市、119个县完成了文化、广电、新闻出版三局合一，组建了文广新局和文化市场综合执法机构。

文艺院团改革任务全面完成，非时政类报刊改革积极推进。山西省文艺院团数量在全国排第二，数量多、欠账多、底子薄，改革难度大，但是在省委、省政府的领导下，克服困难，下定决心，163家院团全部完成改革任务。省级组建了山西演艺集团，资源得到优化配置。非时政类报刊出版单位体制改革方案已经中宣部和新闻出版总署批复，确定了第一批转制单位96家，目前正在积极推进。

二、加强组织领导，健全工作机制，不断探索有效推进文化体制改革的方法途径

在风雨兼程的文化蝶变中，山西在实践中创造的"四轮驱动"、"以一带三"等典型经验，稳步快速地推动全省文化体制改革从寻求突破向纵深发展，得到中央和兄弟省市的广泛认同。"四轮驱动"即领导决策驱动、政策保障驱动、舆论造势驱动、督导检查驱动。"以一带三"即市、县以组建文广新局为龙头，同时带动文化市场综合执法机构建设、电台电视台合并成一个独立的事业单位、电影管理职能划转一并完成。2010年以来，新华社、《人民日报》、中央电视台、《光明日报》、《经济日报》、《中国文化报》、《中国新闻出版报》等中央媒体多次对山西省文化体制改革事迹进行了重点宣传报道。

一是领导决策驱动。省委、省政府对文化体制改革高度重视，将改革列入

省委常委会研究部署文化改革发展工作

党委政府工作的重要议事日程，作为年度目标考核的重要内容。省委书记袁纯清多次召开省委常委会，专题研究文化改革发展工作,强调文化建设要成为山西发展的"一翼"、"一轮"，把文化发展放在与经济发展同等重要的位置，提出文化改革发展"五大战略"，即"大作品表现、大集团运作、大景点支撑、大会展集聚、大服务引领"以及事业与产业、文化与旅游等相关产业融合发展一盘棋思想，有力地指导推动了改革。省长王君同志担任省文化改革发展领导组组长，多次做出重要批示，大力度支持改革，对破解改革的诸多难题起到了关键作用，明确提出要像挖煤一样挖文化，要把文化资源优势转化为产业优势和经济优势，要求在深化文化体制改革、文化产业发展、文化精品创作、公共文化服务体系建设、发展新型业态等方面取得"五个新进展"。全省11市全部由市委书记或市长担任文化改革发展领导组组长。各级宣传文化部门加强组织协调，层层分解任务，加强督导，狠抓落实。编办、财政、人社、国资、工商、税务等相关部门密切配合，形成推动改革的合力，确保改革任务如期完成。各相关部门改革

省委常委、宣传部长胡苏平，副省长张平主持召开文化改革发展领导组工作会议

之初就把群众的利益放在第一位，保证了整个改革的顺利平稳。对每一个改革单位都进行了群众满意度测评，群众的满意和基本满意率达到了100%。

二是舆论造势驱动。改革一开始，省内各主要媒体积极为改革造势，开设专题、专栏，大力宣传改革的重要性和紧迫性，大力宣传改革的政策和要求，大力宣传改革中涌现出来的典型事迹和典型经验。特别是在改革的攻坚阶段，各主要媒体联合作战、跟踪报道，大规模、大范围地集中报道了改革的进展情况，激励先进，鞭策后进，有力地推进了改革进程。

三是政策保障驱动。省里一次性投入6000万元支持山西日报报业集团发展。投入5000万元支持五大集团转企改制。每年拿出5000万元专项资金，对重点文化产业项目进行扶持。2009年以来，山西省连续出台了《深化文化体制改革的实施意见》、《贯彻落实国办发〔2008〕114号文件的补充规定》、《关于在各市县建立文化市场综合执法机构的实施意见》、《山西出版集团等转企改制单位养老保险有关问题的通知》、《金融支持文化和旅游产业发展实施意见》、《国有文艺演出院团体制改革指导意见》、《文化产业发展专项资金管理办法》、《推动动漫产业发展的实施意见》、《文化产业发展规划纲要》（2009—2015年）、《深入贯彻党的十七届六中全会〈决定〉加快建设文化强省的实施意见》等文件，极大地调动了广大职工参与改革的积极性，有力地推动了文化改革发展。各市县结合自身实际，出台了一系列改革优惠政策，投入财政资金承担改革成本。太原市切实解决电影发行放映单位的经营用地、房产归属和人员分流安置等实际问题，盘活存量资产近5亿元，整合全市电影资源组建了龙城电影集团公司。运城市规定，转制文化单位一律免缴资产评估、工商注册、土地办证等所需费用，市财政一次性投入280万元解决转制院团职工社保问题，运城市下辖的国家级贫困县夏县克服财政困难，拿出30万元解决转制文化企业职工社保问题。晋城市出台"文化低保"政策，由政府购买文艺演出团体等文化产品和服务，对城乡低收入人群实施文化扶贫，并要求文化低保资金向转制院团倾斜，3年来，市县财政共调配文化低保资金1020万元。晋中市、县两级投入改革成本近千万元，其中市财政一次性投入300多万元用于市级院团改革。吕梁市财政为市电影公司、影剧院拨付300万元，解决转制人员遗留问题。

四是督导检查驱动。为推动改革任务落到实处，由省委宣传部负责同志带

省文化改革发展领导组召开现场会

山西省委、省政府出台一系列政策保障改革顺利推进

队，宣传、文化、广电、财政、监察、审计等部门组成改革督导组，分赴全省各市包片蹲点，直接指导和解决问题，实行每周督查、汇报和通报制度，取得明显成效。省委宣传部和文化厅、广电局等单位组成检查验收组，采取听取汇报、查阅资料、实地察看、召开座谈会等办法，按照中央提出的标准严格要求，对全省11个市文化体制改革情况进行检查验收，确保改革任务不折不扣地完成。

改革为山西文化发展唤来春天。2000年，中国首次举办国际图书博览会。当时，人民文学出版社刚拿到《哈利·波特》中国版权，山西几家出版社的艳羡之情至今令人难忘。这个现在看来普通的案例，那时却在瞬间被演绎为出版业的神话。10年后的2010年，山西教育出版社出版的财经类图书《公司的力量》、《央企真相》，发行量分别突破30万册、10万册。2011年9月北京国际图书博览会，山西出版传媒集团及所属8家出版社成交活跃，山西省50余种原创图书分别与美国、英国、法国、日本、韩国、马来西亚、印度尼西亚等国多家出版公司达成版权输出意向，并与外商达成120种图书版权引进意向。"走出去"、"引进来"，山西出版贸易开始双向发力。

三、统筹规划，明确目标，进一步加快文化强省建设步伐

当今时代，文化越来越成为民族凝聚力和创造力的重要源泉，越来越成为综合国力竞争的重要因素，越来越成为经济社会发展的重要支撑，越来越成为我国人民群众的热切愿望。2011年12月28日，山西省召开了文化强省建设大

会。会议全面贯彻落实党的十七届六中全会精神和省第十次党代会精神，总结近年来文化改革发展取得的成就，分析当前面临的新形势、新任务，安排部署今后一个时期的文化工作，吹响加速建设文化强省的进军号。省四大班子领导全部出席大会，省委书记、省人大主任袁纯清，省委副书记、省长王君作了重要讲话。

山西全省上下正在全面贯彻落实加快建设文化强省的实施意见，着力建立健全党委统一领导、党政齐抓共管、宣传部门分工负责、社会力量积极参与的工作体制和工作格局；着力实施大作品展现、大集团运作、大景点支撑、大服务引领、大会展集聚"五大文化发展战略"，着力推进一策一业一品一节一剧"五个一工程"，着力在深化文化体制改革、公共文化服务体系建设、文化产业发展、文化精品创作、发展新型文化业态等五方面取得新进展，力争到"十二五"末，文化产业增加值超过1000亿元，占地区生产总值6%左右，文化强省建设进入全国先进行列；到2020年，全省人民综合素质和文明程度大幅提高，文化体制

省文化体制改革检查验收组赴晋城检查验收

省文化体制改革检查验收组赴朔州检查验收

改革不断创新，事业兴旺、产业发达、英才集聚、市场繁荣的文化发展格局初步形成，精品力作不断涌现，人民文化生活丰富多彩，建成全国具有较强综合实力的文化强省。

■ 太原市

努力建设文化强市

近年来，太原市根据中央和山西省关于文化体制改革的总体部署，坚持统筹改革与发展，不断繁荣文化事业，大力发展文化产业，文化改革发展呈现健康向上的良好态势，为实现经济转型跨越发展、建设一流省会城市和具有国际影响力的区域性大都市提供了有力的文化支撑。2010年1月荣获"山西省深化文化体制改革示范市"，2011年4月荣获"全国文化体制改革先进地区"荣誉称号，2011年12月荣获"山西省文化建设先进市"荣誉称号。

一、坚持文化创新，深入推进文化体制改革

按照文化体制改革的"路线图"、"时间表"和"任务书"要求，太原市坚持以文化创新为主线，着力巩固完善改革成果，继续深入推进文化体制改革，按期完成了深化文化体制改革的阶段性目标任务。

（一）经营性文化事业单位转企改制全部完成

13个市级电影发行放映单位和6个市级国有文艺院团的转企改制任务全面完成，组建成立了太原龙城电影发展（集团）有限公司、太原市歌舞杂技团有限责任公司、太原市话剧团有限责任公司、太原市实验晋剧团有限责任公司和太原市晋剧艺术研究院，建立健全公司法人治理结构，完善了现代企业管理制度。同时，所辖区县的7个电影发行放映单位和4个县级国有文艺院团也都按期完成改革任务。

（二）文化市场综合执法改革全面完成

市县两级文化、广电、新闻出版实现三局合一，组建了文化市场行政综合执法队，实现了文化市场行政执法的职能整合和效能提升。

（三）新闻媒体"两业分离"改革全部到位

太原日报社剥离广告、发行、印务、物业经营性业务，成立山西太报传媒有限责任公司，并转制为企业。广播电台、电视台"两台合一"，组建太原广播电视台，积极探索制播分离改革，成立太原市文广传媒有限责任公司。《太原晚报》、《山西商报》、《太原广播电视报》等非时政类报刊改革，正按照省市部署要求积极推进。

（四）广播电视网络整合积极推进

市级广电网络整合已全面完成，组建了太原有线电视网络有限公司。按照省市的统一部署和要求，签订网络整合框架协议，积极加入省级网络公司的整合工作。

深化文化体制改革过程中，太原市共完成经营性文化事业单位转企改制20家，共撤销事业单位建制33家，核销事业编制1708名，核销领导职数106名，经营性文化事业单位转企改制严格落实"四条标准"，做到了真改真转，没做夹生饭，没留后遗症。

二、完善政策保障机制，助推文化大发展大繁荣

一是加强组织领导。根据建设文化强市的需要，太原市调整充实了文化体制改革和文化产业发展领导组，市委书记、市长担任领导组组长和第一副组长，市直19个职能部门为组成单位，建立起党政统领、部门协作、上下联动的文化体制改革工作机制。各级党委和政府把文化改革发展作为"一把手工程"，摆上重要议事日程，纳入经济社会发展全局，形成党政统领文化改革发展工作的新格局。

太原市委、市政府出台一系列政策保障改革顺利推进

二是完善政策保障。积极贯彻落实中央和省有关文化改革发展的一系列方针政策，制定出台了一系列既符合改革精神又适合太原实际的政策措施，形成了支持文化体制改革和推动文化事业、文化产业发展的政策体系。

三是加大财政投入。2011年，太原市本级财政投入文化建设资金25 891万元，增长幅度达到34%，高于财政经常性收入增长幅度12%。从2010年起，太原市设立文化产业发展年度专项资金3000万元，扶持重点文化产业项目51项，充分发挥了财政资金的引领作用和示范效应，有效促进了文化产业振兴与发展。进一步改善文化投入结构，2011年，市级财政划拨1155.29万元资金，专项用于农村文化建设。

三、统筹改革与发展，谱写文化改革发展新篇章

通过文化体制改革，极大地解放了文化生产力，太原市文化建设不断得到加强，文化供给能力显著提高，文化对经济社会发展的贡献率不断提升。

（一）文化活力进一步迸发

一是国有文化企业彰显活力。太原市文化广播电视集团等五大国有文化企业集团成为带动文化产业发展的骨干和龙头。转企改制后的太原市歌舞杂技团有限责任公司等3家文艺演出团体，以合格市场主体的身份进入演艺市场，创造力、竞争力和发展活力显著增强，为繁荣文艺创作、开拓演出市场注入了新的生机与活力。

二是民营院团蓬勃发展。清徐嫦娥文化艺术公司被命名为国家级文化产业

示范基地，"名演员带团，面向市场，贴近基层百姓，出精品、出人才、出效益"的民营院团发展经验，得到了中央政治局常委李长春同志的高度评价和中宣部刘云山部长的充分肯定。

三是大剧大作大表现取得新突破。由太原市文广集团全力打造的大型精品舞剧《千手观音》在国家大剧院首演成功，并远赴新加坡演出，成为太原影响全国、吸引世界的一张靓丽的文化名片。晋剧《傅山进京》多次荣获国家级大奖。

（二）文化产业实力进一步增强

2010年，太原市文化产业实现增加值95.39亿元，占地区GDP比重的5.36%，高于全省和全国的平均水平。2011年，全市文化产业实现增加值约113.98亿元，

约占地区 GDP 的 5.56％。文化产业正在成为助推太原市能源型经济转型跨越发展的新引擎。

（三）公共文化服务体系进一步完善

太原美术馆、太原博物馆等一批重点文化工程已经建成并即将投入使用，成为太原城市文化新地标。广播电视村村通、社区和乡镇综合文化站、文化信息资源共享、农村电影放映工程、农家书屋等重点文化惠民工程建设目标提前完成。公共博物馆、纪念馆、文化馆、图书馆等公共文化设施实现向社会免费开放。中国·太原晋商文化艺术周已连续举办四届，让普通百姓在家门口就能享受到高品位的艺术精品，形成太原一大文化民生品牌。

太原文广集团创作演出的大型舞剧《千手观音》在省内外演出受到广泛好评

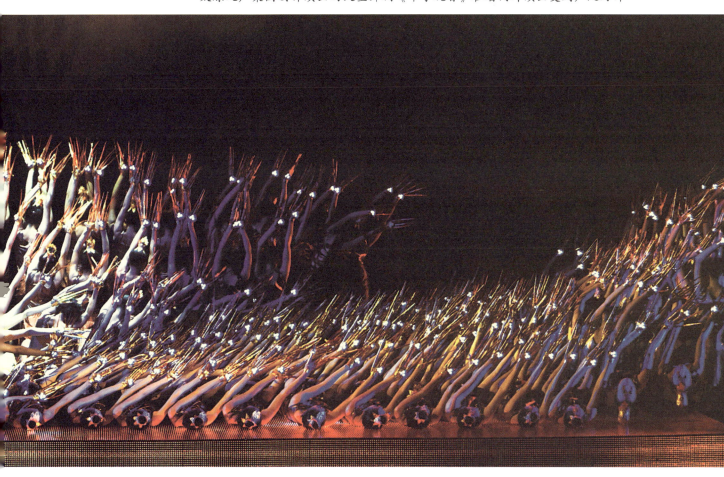

■ 晋城市

全力推进文化体制改革

近年来，晋城市作为全省4个文化体制改革试点市之一，以高度的文化自觉，加大力度、加快进度，严格标准、不等不靠，严格按照中央和省委确定的"时间表"、"路线图"和"任务书"，完成了文化体制各项改革任务。

一、率先突破，电影公司转企改制提前完成

晋城市共有电影公司6家，其中市级电影公司1家，2009年底在全省率先完成了市县两级电影公司的改制任务。近两年，市电影公司成为独立法人企业，建立健全了法人治理结构，在公司规范化运营上迈出了实质性步伐。

二、及早着手，网络整合和转企改制顺利收官

2001年，晋城市广电网络公司在全省率先完成全市"一张网"的整合工作，2011年签署加入省网络公司的框架性协议，实现了广电网络统一运营、统一管理、规范收费的运营模式，是全省第一家与省网合作的股份制公司，也是全省广电网络第一家由事业单位转企改制的企业。2010年，晋城市广电网络公司荣获"全省文化体制改革示范单位"称号。

三、理顺体制，文化行政责任主体和综合执法机构组建完成

市、县两级全部完成了"三局"合并工作，配齐、配强了一支懂业务、会管理的坚强领导班子。市、县两级全部成立了广播电视台，其中晋城广播电视

台设为独立正处级事业单位。市、县两级全部成立了文化市场行政执法机构,其中市级为副处级,县市区为副科级,目前市、县两级文化市场综合执法机构均已独立开展工作。2010年,市执法大队被文化部表彰为"全国文化市场综合执法先进单位"。2011年,市执法大队荣获山西省"扫黄打非"先进集体荣誉称号。

四、改革创新,国有文艺院团的转企改制全部完成

晋城市共有12家国有文艺院团,目前已全部完成转企改制工作。其中,高平市文工团挂靠高平市科兴集团,实行文化和企业联姻,成立高平科兴文艺演

晋城市少儿艺术团改制挂牌

出有限公司,探索出走市场化路子的新改革模式。2010年,该团被表彰为"全省文化体制改革先进单位",并在2011年12月第二次荣获"全省文化体制改革先进单位"称号。

五、文化惠民，公共文化服务体系建设加快推进

全市公共文化服务体系建设加快推进，广播电视村村通工程提前完成，乡镇综合文化站、文化信息资源共享、农村电影放映、农家书屋等重点文化惠民工程完成预定建设目标。公共博物馆、群艺馆全部实现向社会免费开放服务。截至2011年底，全市新建文化信息共享工程县级支中心6个、乡镇综合文化站73个、村级服务站点2207个、农家书屋2290个，每年完成农村电影放映27 744场。

高平市野川镇综合文化站

六、优先扶持，文化产业发展态势良好

晋城市始终坚持像挖煤炭资源一样挖文化资源，发展文化产业。2010年，在全省率先开展了文化产业专项统计，2010年全市文化产业增加值18.1亿元，占全市GDP总量的2.5％，文化产业增速为35.1%，增速居全省首位，高于全省和全国平均水平。山西吉利尔潞绸产业园和皇城相府文化景区荣获"全省文化产业

先进单位"称号。2011年制定了《"十二五"文化产业发展规划》，提出了"两地六业"的主攻方向，推动文化与旅游、文化与金融、文化与科技进一步融合，力争文化产业增加值达到23.4亿元，在全省处于领先地位。

七、深入发掘，文化产品和服务出口规模不断扩大

晋城市文化底蕴深厚，剪纸、竹编、黑陶、根雕、布衣、丝绸等民间工艺盛行。近年来，先后成立了潞绸、黑陶、玻璃艺术品研发中心，聚鑫剪纸在义乌组建了晋城市聚鑫文化旅游研发中心，东方玻璃、九州玻璃在广州设立了出口业务办事处，全市多个文化产品走出国门，产品远销美国、日本、欧洲等国家和地区，出口规模逐年上升。

八、政策倾斜，文化改革发展保障机制日趋完善

2011年晋城市本级财政对文化建设的投入为6427万元，增长69.4%，高于财政经常性收入增幅16.9%。从2006年开始设立了20万元的晋城市农村文化建设专项资金，"十二五"期间"专项资金"的增幅将不低于全市财政增幅。全面落实了中央和省里的文化改革发展配套政策，人员分流和正常事业经费拨付全部按照中央和省里政策执行。设立了3000万元的文化产业扶持资金，用于对转制企业和重点文化产业项目进行扶持。制定了文化低保、优秀文艺作品扶持政策，文化低保资

晋城市文化体制改革工作获得国家级和省级表彰

金累计高达 1600 余万元，文艺扶持资金总额已增加到 150 万元，确保转企电影公司和文艺院团健康发展。

2011 年以来，新华社、《半月谈》杂志和《农民日报》分别以"山西晋城实施'文化低保'促进农村发展社会和谐"、"晋城'文化低保'撒甘霖"等为题，介绍了晋城市"文化低保"工作的经验和取得的成效。中央电视台新闻联播、《光明日报》和《中国文化报》分别以"挖掘文化富矿 激发产业活力"、"晋城：从'挖煤'到'挖文化'"、"文化产业助力晋城转型跨越"为题，对晋城市的文化发展进行了专题报道。2010 年 2 月被表彰为"山西省文化体制改革示范市"，2011年 4 月被中宣部等四家单位表彰为"全国文化体制改革先进地区"，2011 年 12月被省委、省政府表彰为"山西省文化建设先进市"。

■ 清徐县

全面推进文化强县建设

清徐县位于山西省中部，是太原都市圈核心区的重要组成部分。全县国土总面积609平方公里，辖4镇5乡1个街道办事处、188个行政村和24个社区居委会，常住人口34万，素有"文化名城、醋都葡乡、贯中故里"之美誉。近年来，清徐县以建设一流文化强县为目标，依托丰富的文化资源和深厚的文化底蕴，加强政策引导、设施建设、活动开展、品牌打造、经费保障等工作，文化强县建设取得显著成绩。先后荣获"全国文化先进县"、"山西省文化十强县"、"全省文化建设示范县"等荣誉称号。2010年公共文化服务体系建设达标率为97.92%，位居全省第二。

一、领导重视，健全机构，加强对文化建设的组织领导

认真学习贯彻中央、省、市关于文化工作的有关精神，提高思想认识，加强组织领导。县委常委会、政府常务会定期研究全县文化事业和产业发展重大项目，将文化强县建设列入"八县联创"主题之一。加强对文化体制改革的研究部署，成立了文化体制改革和文化产业发展领导组，文化体制改革各项任务走在全省前列。

二、创优环境，加大投入，积极落实文化改革发展政策

一是对标一流。在县级文体中心、乡镇综合文化站、村级文体场所的建设标准上定位一流。县级文化馆、图书馆按照国家一级馆标准设计、建设和配置。

乡镇综合文化站按照"六个一"的标准每站面积达到500平方米。村级文体场所建设分步实施、分类指导，按照"八有"要求，县统一采购、统一配发。

二是扶持激励。先后出台了《清徐县社会文化扶持奖励办法》等文件，将公共文化建设工作列入各乡镇领导班子的考核体系，对群众文化工作成绩突出的协会和乡村进行以奖代补，极大地带动了全县基层群众文化的繁荣。

三是保障投入。先后投资1.5亿元新建集文化馆、图书馆、美术馆、体育馆、全民健身中心、科技馆、档案馆、青少年活动中心为一体的县级文体活动中心。县财政确保对群众文化、图书经费、剧团扶持经费、非遗保护经费全额到位；县财政对全县每个乡镇综合文化站补助资金20万元，累计投入160万元。近年来，除省、市投资外，县政府对乡、村文体场所建设直接投入达到860多万元，带动社会资金投入达1.2亿元。

三、创新机制，整体推进，全面完成文化体制改革任务

采取以点带面、整体推进的方式和途径，全面推进文化体制改革。一是加快政府职能转变。组建清徐县文体广电新闻出版局。二是加快推进公益性文化事业单位的改革。图书馆、博物馆、文化馆、科技馆、美术馆等为群众提供文

清徐县文体中心

化服务的公益性文化事业单位，由财政全额拨款，实现事业体制。清徐县广播电视台实行制播分离改革。核销县电影放映公司事业编制，职工采取多种方式进行分流安置。三是成立清徐县文化服务中心，设立县电影放映发行公司、大剧场、文化产业开发公司等企业。四是将清徐县文化市场稽查队更名为文体市场行政综合执法队。

四、创新品牌，全域覆盖，文化惠民工程深入人心

一是加大公共文化服务体系建设力度。目前，清徐县已完成188个村的农家书屋工程建设，建成室外文体广场145个，村级图书达到15万册。文化信息资源共享工程实现村级文化场所全覆盖。

二是积极引导群众文化活动深入开展。连续14年在县城举办广场消夏晚会。

清徐县徐沟背铁棍参加上海世博会街头表演

各乡镇、村纷纷组织消夏晚会、篮球赛等各种群众性文艺比赛活动。每逢重大节日，由各文体协会组织的秧歌赛以及健身舞蹈队、管弦乐队、模特队开展经常性的表演，广场文化深入人心。

三是坚持开展"文化三下乡"活动。创作了歌曲、舞蹈、相声、小品、快

中国清徐醋文化节

板等20多个节目在全县10个乡镇进行巡回演出。购置了9部数字电影放映设备，深入乡村送电影下乡。每年放映各类影片2400场，送戏下乡每年达到1900多场。

四是"两节一月"节庆活动成效显著。2007年以来，连续4年举办中国清徐醋文化节、中国清徐架火节、中国清徐葡萄采摘月等节庆活动，带动了特色文化产品开发和民俗旅游产业发展。中国清徐醋文化节成为"2011中国十大品牌节庆"之一。

五、创意引领，政企联动，文化产业发展成效显著

培育文化产业，打响文化品牌。扶持吸引社会资本参与现代农业示范园、生态观光园、休闲旅游农业建设，依托西边山生态旅游区等发展"农家乐"旅游项目达30个。

国家级文化产业示范基地清徐嫦娥文化艺术公司是近年来清徐县文化体制

改革和民营文化产业发展的又一个成功范例。该公司由著名晋剧表演艺术家、梅花奖得主胡嫦娥创办，现已拥有梅花晋剧院、杏花晋剧院、戏曲人才培训基地，固定资产达2000万元。该团相继推出了一系列享誉三晋的精品剧目，得到中宣部、文化部、中国剧协领导和专家的好评，2011年5月中央政治局常委李长春同志考察嫦娥剧团并给予高度评价。目前，全县三个民营剧团年演出场次达1500余场，演出收入达720万元。

清徐县改制院团推出的梅花版《打金枝》参加上海世博会演出

■ 广灵县

努力建设文化旅游生态名县

　　广灵地处山西省东北部，与河北蔚县、阳原接壤，距北京290公里，是大同市的东大门，山清水秀，气候宜人，素有"塞外小江南"之称。全县辖2镇7乡180个行政村，总人口18.8万。近年来，广灵县紧紧围绕省委、省政府建设文化强省的战略部署，充分发挥剪纸特色优势，努力挖掘地方文化潜力，做大做强文化事业与文化产业，先后被评为"中国剪纸艺术之乡"、"中国民间文化艺术之乡"、"中国最佳文化生态旅游名县"。广灵剪纸被评为国家级非物质文化遗产、人类非物质文化遗产。广灵剪纸文化产业园区被评为国家级文化产业示范基地，广灵剪纸博物馆被命名为"中国剪纸艺术博物馆"。2011年被评为"山西省文化建设先进县"。

　　一是健全机制，打造品牌，文化建设力度不断加强。先后出台了《广灵县文化产业发展规划》（2010—2015年）、《广灵县文化体制改革方案》等多项制度，成立了县文化体制改革和文化产业发展领导组。为加强文化建设工作，2011年又将文化体制改革和文化产业发展领导组成员

广灵剪纸艺人展示手艺

调整为县委、政府的主要领导，为打造文化强县奠定了扎实基础。在县财政十分紧张的情况下，近年来，文化建设的财政投入逐年递增，从2006年的95万元到2011年的425万元，财政的投入力度不断加大，对文化建设起到了重要的支撑作用。总投资5001万元，总建筑面积

广灵剪纸作品

7500平方米的剪纸文化艺术中心已完成项目选址。

二是精心组织，积极推进，文化体制改革工作成效显著。2009年以来，广灵县认真贯彻落实中央和省市关于文化体制改革和文化产业发展的有关精神，并以此来推动"文化强县"战略深入实施，形成"党委统一领导、政府组织实施、宣传部门协调指导、文化行政主管部门具体落实、各有关部门密切配合"的领导体制和工作机制。制定出台了《关于深化文化体制改革的实施意见》等文件，具体指导全县的文化体制改革工作。组建县文体广电新闻出版局，实现了"三局合一"的目标，成立了县广播电视台；组建成立县文化市场行政综合执法队，全部配齐了该队执法人员，解决了办公场所、办公经费问题；县电影公司和县晋剧团的改革工作也已全面完成。

三是文化惠民，润泽百姓，公共服务体系覆盖城乡。近年来，广灵县从改善文化民生、切实保障人民群众基本文化权益入手，坚持公共文化服务体系向基层倾斜、向农村倾斜，以农村为重点，大力推进"五项文化惠民工程"，即：乡镇综合文化站工程、文化资源共享工程、农家书屋建设工程、农村电影放映工程、广播电视村村通工程。全县9个乡（镇）文化站全部建成，总建筑面积

广灵剪纸作品

2700平方米。投资51万元为9个乡镇文化站配备了设施设备，投资68万元建成文化信息资源共享工程县级支中心，并为全县180个村配套投影设备180套。

投资90万元，为全县的180个行政村图书室配备图书5.4万册，书柜360个。投资360万元，实现"农家书屋"建设工程全覆盖。在县城完成了有线电视网络建设，在农村基本完成了卫星电视接收工程。

四是大胆创新，精心谋划，文化节庆活动精彩不断。广灵县的群众性文化活动异彩纷呈，文化下乡和群众性文化活动常年开展。5年累计送戏下乡1000多场、送书下乡202 500册、送电影下乡8000多场，精心组织100多场大型群众文化活动。极大地丰富了人民群众的文化生活。特别是首届"中国·广灵画眉驴文化节"荣获2010年最佳经典民俗节庆，首创华北第一处自然湿地水域大型实景演出。2007年成功举办第三届"中国·大同·广灵国际剪纸艺术展"，被评为"人民网2008年度最受关注各地节庆"之一，并荣获2010年最具地方特色艺术节、2011年最佳非物质文化遗产节庆。

五是基地示范，龙头带动，剪纸文化产业发展迅猛。2007年广灵投资3000万元，建成了全国最大也是唯一的剪纸类国家级非物质文化遗产产业园区，在园区内创建了研发、生产、包装、培训、观摩、销售六大基地，目前已发展了广灵剪纸文化艺术发展公司、蕙花民间文化艺术发展公司、青红剪纸艺术公司三家龙头企业。以此为带动，采取"公司＋基地＋农户"的方式，由农户在家中进行剪纸生产，公司统一回收销售，带动了周边6个乡镇2400余户农户从事剪纸产业，户均收入6000元，2010年剪纸产业增加值达4000万元，占全县GDP的3.3%。剪纸品种由原来的几十种发展到现在的四大类5000余种，产品远销欧美等20多个国家，2010年剪纸收入创汇155万美元。特别是研发出的新写实多层剪纸作品，获得国家知识产权专利，2009年中央军委徐才厚副主席访美时，送给美国总统奥巴马和国防部长盖茨的礼品就是蕙花公司精心设计的人物肖像多层剪纸。广灵剪纸项目被列为全国文化出口重点项目，成为山西十大文化品牌，广灵蕙花现代剪纸研究发展中心建设项目被中华剪纸艺术委员会列为全国重点推广项目。

■ 高平市

文化强市助推转型跨越发展

高平市是中华民族人文始祖炎帝的故里，是中国历史上著名的长平之战的发生地，也是太行太岳革命老区和闻名全国的"煤铁之乡"、"黄梨之乡"、"生猪之乡"和"上党梆子戏剧之乡"。全市总面积946平方公里，辖16个乡（镇、办事处）、461个行政村（居委），总人口48万。近年来高平市认真贯彻中央、省委关于文化体制改革和发展的一系列决策部署，大力实施文化强市战略，高起点、大力度、全方位推进城乡文化建设，形成了文化建设与经济建设、政治建设、社会建设协调发展的良好局面，跨入了山西省文明和谐城市和全省文化强县行列。

一是抓阵地建设，健全公共服务网络。从2006年起，在全省率先实施了城乡"文化创建全覆盖"工程，重点解决群众文化活动无场所、无阵地的问题。在市区建成了全省一流的县级体育中心、职工文体中心、市民文化活动中心等一批现代化的大型文化体育场馆，全市16个乡镇都建成了综合文化站，村村建起了文化大院，同时还培育了一大批文化特色大户。在三甲镇姬家山村，由农民企业家出资100万元办起了农民军乐队，可演奏《多瑙河之波》、《拉德斯基圆舞曲》等名曲。5年来市财政累计投入文化建设资金达到10亿多元，形成了市有文化中心、乡有文化站、村有文化大院、户有文化室的"四级联创"文化阵地全覆盖格局。

二是抓机制创新，建立长效保障机制。公开选拔和配备了16名文化副乡镇长，兼任乡镇文化站站长；每个村都确定大学生村官主抓文化建设，充实了乡村两级文化管理力量；制定和完善了市、乡、村三级文化管理的规章制度，做到了有人管事、有章理事。积极鼓励和扶持发展民办、社会文艺团体，全市共有各类文化体育协会30余家，民间演出团体223家，从事业余文化人数达7000余人。

高平市文工团演出赵树理作品《谷子好》

实行了文化惠民政策，对贫困边远乡村实行"政府买单、群众看戏"的政策；开展了"文化惠民工程"、"文化低保工程"和送戏下乡活动，每年送戏下乡近2000场，送电影下乡1万余场，送图书5000余册，有效地保障了人民群众的基本文化权益。

三是抓活动开展，丰富群众精神生活。依托中国·高平炎帝农耕文化节这一品牌，坚持每年承办一次国家、省级大型文体活动，先后举办了全市全民运动会、全国钓鱼锦标赛、全省"炎帝故里杯"象棋比赛、山西省广场文化艺术节等大型文体活动，不仅为群众提供了文化大餐和精神食粮，而且进一步提升和扩大了高平的知名度。立足本地特色，征集制作了高平市市歌，在广大城乡持续开展了"唱红歌唱市歌颂党恩"歌咏赛、消夏文艺晚会、上党梆子票友赛、八音会擂台赛、老年人秧歌赛、太极拳、排舞等群众喜闻乐见、形式多样的文化活动，组织举办了"百名孝子"、"十大孝星"、"好儿媳"、"好婆婆"、"和谐家庭"评选活动。米山镇的大粮山蝴蝶旅游文化节、三甲镇的"元宵七天乐"、寺庄镇的"农民文化艺术节"、河西镇的"过把瘾周末小剧场"等，已经成为吸引群众参与文化活动的响亮品牌，不仅满足了群众精神文化生活，而且进一步凝聚了人心，形成了健康向上的生活风尚，为新农村建设注入了无限活力。2011年9月10日，中央电视台《新闻联播》栏目以"山西高平：文化搭台，提升全民道德素质"为题，报道了高平市文化建设的显著成效。

四是抓体制改革，增强文化发展活力。理顺了行政管理体制，组建了文体广电新闻出版局、文物旅游局，成立了高平电视台、新大众体育文化产业服务中心、文化活动中心，做到了政事分离、管办分开；对经营性文化事业单位进行转企改制，把人民剧团、上党梆子剧团、电影公司等演出单位推向市场，把

高平市人民剧团演出《西沟儿女》

市文工团整体划归科兴能源集团，实行企团共建，市政府对院团实行补助奖励、鼓励创新，每演出一场补助1500～2000元，每创作一台新剧目奖励20万元，进一步激发了文艺团体的活力，增强了发展后劲。由市人民剧团创作编排的上党梆子现代戏《西沟女儿》，被文化部列为全国现代戏展演剧目，晋京赴省进行了展演，好评如潮。

五是抓文化产业，支撑转型跨越发展。把文化产业作为推动转型跨越发展的八大新兴产业强势推进，制订了全市文化产业发展规划，启动了文化产业园区建设，初步形成了以丝绸、黑陶、戏曲、剪纸、根雕、面塑、刺绣、挂毯、琉璃等为代表的十大类近百个品种的文化产品。高平吉利尔有限公司以传承演绎潞绸文化为宗旨，全力打造"潞绸文化产业园区"，实现了潞绸文化与品牌发展的相互融合。充分挖掘炎帝农耕文化、长平之战古军事文化、古代民居建筑等特色文化资源，大力发展旅游产业。2010年，全市文化产业增加值达到3.6亿元，是"十五"期末的2.2倍，占第三产业增加值的10%。

文化大发展大繁荣的春天已经来临，高平市将认真贯彻落实党的十七届六中全会和省第十次党代会精神，进一步深化文化体制改革，加快文化产业发展，为推动转型跨越发展、再造一个新山西作出应有的贡献。

■山西出版传媒集团

全力打造文化航母企业

沐浴着文化体制改革的春风，山西出版传媒集团于2006年12月21日正式挂牌成立。集团拥有成员单位16家，职工近万名，集图书、报刊、印刷、发行、电子音像、物资供应为一体，年出版图书和电子音像制品5000余种，是山西规模最大、人数最多、改制最早、资产最优、效益最好的文化产业集团。从2006到2011年5年时间，集团完成了组建、整体转制两大任务，实现了起航、转制和发展三大跨越。

一是转企改制全面完成。集团所有事业单位全部转制为企业，13家报刊社提前两年完成转企任务，核销事业单位编制23家、人员编制938名。在推进改革中，集团牢牢把握三个关键，即改革的目的是促进发展，改革的成效是激发

活力，改革的关键是以人为本。集团的顺利改制，源于干部职工对"不改没出路，不改没饭碗"的认识。按政策，山西人民出版社、古籍出版社和山西画报社可以保留事业编制，但全部主动要求转企，变"让我改"为"我要改"。也得益于中央及省里出台的好政策。集团近200位离休干部，省财政每年拿出1000万元的离休和医疗费补贴，解决了大家的后顾之忧。集团转企后，无一人下岗，无一人上访，成为山西省全面率先平稳完成体制改革的文化单位。

二是经济效益快速增长。集团成立之初，总资产和销售收入都是23亿，利润3800万。2011年，总资产67亿元，销售收入68亿元，实现利润3.6亿。5年间总资产和销售收入翻了两番，利润增长近10倍。特别是转企改制两年来，总资产和销售收入增长近30亿，利润增加1.6亿，发展速度、效益均创历史最好。集团成立前，有银行贷款2个亿，4个亏损单位，是有名的上访大户。目前，集团有7个亿的资金积累，没有一个亏损企业，人心思稳，共谋发展，形成了创新、创优、竞争、和谐的企业文化。

三是产品结构不断优化，品牌图书层出不穷。集团成立以来，出版了一大批既弘扬主旋律，又满足人民群众多样精神文化需求的图书精品。年出书规模由2006年的1738种，增加到2011年的5154种，出书品种翻了两番，图书重版率达56.4%。与此同时，畅销书、长销书层出不穷，仅2010年，就有20多种图书30余次登上各类畅销图书排行榜。三种图书获得国家图书三大奖。此外，集团坚持走专业化、特色化、品牌化道路，先后出版了《傅山书法全集》、《魂系山西》等一大批地域文化标志性图书。

四是出版"走出去"取得丰硕成果。集团成立时，版权输出不到10种，现为105种，是集团组建前的30多倍。输出对象日益拓展，输出特色更加鲜明，集团已被列为全国20家出版"走出去"重点单位之一。集团还设立了300万元的"走出去"专项基金，"十二五"期间的输出项目预计将达500种。

山西出版集团改革发展的事实充分证明，只有深化文化体制改革，制定科学的发展战略，坚持正确的发展道路，才能进一步解放文化生产力，推动文化大发展大繁荣。

一是以发展战略引领集团。山西作为经济欠发达地区，缺乏区位、政策和人才优势。集团组建时面临的状况是，资源分散化，经营粗放化，人员老龄化。为此，集团没有急于上规模，而是把工作的重心放在夯实发展基础上，把战略重点放在先做强，而不是先做大上，坚持走符合自身实际的发展道路。

二是以资源整合做优集团。集团组建时，教材、报刊资料人为分割，出版单位重复经营、多头经营、内部争抢出版资源的现象时有发生。集团成立后，将教材资源统起来，成立了教材中心；把报刊资源统起来，成立了报刊中心。引导出版单位走专业化、品牌化道路，从单纯依赖行业政策死守教材一个支点，转变为开拓市场寻求多个支点，有力改变了出版单位散、弱、小的局面。集团整

山西出版传媒集团举行揭牌仪式

山西出版传媒集团推出的精品图书多次获奖

合资源的案例，选入全国宣传文化系统干部培训教材。

三是以分类管理激活集团。集团实行了与绩效考核相结合的分类管理制度，淡化所属各成员单位的行政级别，按资产规模、经营状况、贡献大小将企业分属A、B、C不同的类别，实行资源差异化配置。分类管理激发了内部竞争，形成了争先创优的氛围。

四是以转型跨越提升集团。集团坚持以科学技术改造提升传统产业，以大工程、大项目带动产业发展。山西新华现代物流中心、山西数字出版中心、山西国际图书城、山西新华绿色印业园区等四个现代化数字发行、出版、销售、印刷平台初具规模。

"十二五"期间，集团将进一步贯彻落实中央与省委关于深化文化体制改革的要求，打造百亿集团，完成股份制改造，实现上市目标，为山西转型跨越发展、建设文化强省作出新贡献。

山西出版传媒产业园新华物流中心

■ 太原日报报业集团

建设中西部地区一流报业集团

太原日报报业集团组建成立于 2009 年 4 月 17 日，实行党委领导下的社长（董事长）负责制，现有员工 1750 人。拥有《太原日报》、《太原晚报》、《山西商报》、《太原手机报》和太原新闻网、太原日报网、太原晚报网、山西商报网"四报四网"。

太报集团的改革主要在两个重点上。一个是采编经营"两分开"。所属经营性公司——山西太报传媒有限公司完成了评估剥离经营性资产，办理了企业工商和税务登记手续，核销了原经营系统的 304 名自收自支事业编制，企业人员按规定签订了企业劳动用工合同，并按照企业管理办法缴纳了养老、医疗、工伤和生育保

太报传媒印务园区

险，符合文化体制改革的标准和要求。同时，完善了现代企业制度，对公司人权、财权放权松绑，使其成为真正的市场主体。

另一个重点是非时政类报刊的改制。所属子报《太原晚报》、《山西商报》和太原新闻网，按照非时政类报网改制的要求积极稳妥地推进。商报作为独立的

企业法人，已组建成立了山西商报传媒有限公司，目前正在清产核资，积极推进。太原新闻网获得了"信息网络传播视听节目许可证"，拥有从事互联网视频播放的国家资质；建成了网络视频直播室；成功引资200万元开发的高档"电子阅报栏"，已进入50处党政机关和宾馆以及窗口单位的重要位置；整个网站已基本实现了自养，目前已注册成立太原新闻网传媒公司，正在积极转制当中。《太原晚报》2012年上半年将完成转企改制任务。

作为山西省深化文化体制改革重点单位，太原日报社在2009年4月组建成立报业集团的基础上，按照采编经营"两分开"的原则和省市制定的"时间表"、"路线图"和"任务书"，在2009年10月底，在全省率先完成了深化文化体制改革任务，被授予"山西省文化体制改革示范单位"的荣誉称号。2011年5月，中央政治局常委李长春在我省调研文化体制改革工作时，充分肯定了太原日报社的改革，认为报社改革到位，走出了一条地方党报改革发展的新路子。

改革以后，报社走出了经济困境，优化了办报机制，释放了经营机制活力，调动了广大员工的积极性，推进了各项事业创新发展、和谐发展。

一是企业得到了发展。改革以后，报社办报更加专业灵活，涌现出一批优秀新闻作品、品牌栏目和名记者、名编辑和名评论员，办报办网质量和舆论导向水平明显提升。2011年集团获得山西新闻一等奖13件，与改革前的2008年相比，增加了4件，增幅达到45%。连续报道《山西人拿出新证据，钓鱼岛自古属中国》还获得中国新闻奖和赵超构新闻特等奖。同时，报业经营更加活跃。2010年底，集团完成经营收入2.42亿元，实现利润总额3866万元，达到建社59年来的最高水平。与改革前的2008年相比，同口径增长3392万元，比2008年增长了7倍还多。广告收入突破1亿元，与2008年相比，增幅达到45.4%。日报、晚报的发行量也明显增长。2011年，报社克服纸价持续上涨、广告形势严峻、各种成本加大等不利因素的影响，完成经营收入2.3亿元，实现利润2000多万元。此外，报社不断拓展产业领域，吸纳民营资本600万元，组建成立山西

新华社等媒体介绍太原日报社改革经验

蓝海网拓文化有限公司负责日常运营，目前已有200个数字发行亭入驻社区。太报印务园区建设工程占地70亩，一期工程总投资1.25亿元，吸纳民营资本1000万元，建筑面积为2.3万平方米；2009年6月开工建设，当年底主体工程竣工；2010年底一次性试车成功，承印报刊比过去新增20多种；2012年初将全线剪彩，达产后年产值可达2亿元，成为集报纸印刷、彩色印刷和商业包装印刷于一体的一流印刷包装基地。投资近8000万元的高档商业彩印包装生产线已部分投产，满负荷运营后每年可新增利润1500万元以上。此外，报社还与北师大签订战略合作协议，积极开展校企合作项目。

二是员工得到了实惠。 2011年，报社依据国务院[2008]114号文件，享受免征企业所得税1066.9万元。通过深化改革，涉及广大员工的职称兑现、调资升级、各种保险、分房调房、福利待遇等方方面面的问题都得到解决。到2010年底，与改革前的2008年相比，报社在职员工年收入平均增长了21 860元，增幅近60%。从2009年开始，报社员工每年可带薪休假、体检、由报社派发生日卡。

三是形象得到了提升。 改革以后，报社党建、企业文化建设和精神文明建设都取得了新进展。先后荣获"山西省文明和谐单位"、"山西省劳模单位"、"山西省文化体制改革示范单位"等荣誉称号。报社文化体制改革的有关情况被新华社等高端媒体专题介绍。

2012年，太报集团将按照省委、省政府文化强省的实施意见，朝着建设拥有优势品牌、规模经营、充足财力、先进技术和优秀人才的省会城市一流报社的目标奋斗。

■太原市歌舞杂技团有限责任公司

创新体制增效益

太原市歌舞杂技团有限责任公司是2009年底按照省市文化体制改革的总体部署和要求，由原太原市歌舞团、市杂技团、市豫剧团三团合一，新组建成立的新型文化企业，是全省首批转企改制的院团。近年来，太原市歌舞杂技团深化文化体制改革，创新机制，开拓市场，打造精品，取得可喜成绩。

一、"先行先试"机制创新，成功探索薪酬机制等一系列改革模式

从2009年12月挂牌之日起，太原市歌舞杂技团有限责任公司就以最积极的姿态、最快速的行动，投入到艺术院团转企后如何走上现代企业管理模式的探索之中，出台了一系列改革措施。

一是人员身份企业化。太原市歌舞杂技团以原事业在职在岗身份进入企业的有79人，以内退身份进入的有10人，新聘人员31人，学员身份53人，外聘老师8人，临时用工8人。面对复杂多样的人员情况，2010年1月出台

太原市歌舞杂技团演出剧照

了全员竞岗考核方案，彻底转化人员身份，开展了定编定岗、中层干部竞聘上岗、演职员竞岗定级考核、签订劳动合同等工作。通过公开竞聘，11位具有事业心和责任感、踏实肯干的优秀人员走上了中层领导岗位；近百名演员不分工龄、不看年龄、同一专业都在一个标准下参加了考核。

二是薪酬机制效能化。按艺术行业的特殊规律，全剧组人员根据劳动量和技术难度实行打分制，使剧组100余名演职人员的场次收入从每天20元至100元拉开了档次，实行"多劳多得"、"能者多得"的分配体制。制定实施《太原市歌舞杂技团职工人事薪酬管理办法》。一年一考核，每年都重新定级。2011年拿到最高工资的"第一集团军"里，只有一名9年工龄的老演员，其余都是年轻小演员。

二、主打经营，效益翻番，连续两年成为山西省对外商演和文化交流最多的院团

2010年转企第一年，太原市歌舞杂技团演出达500余场，场次和收入较转

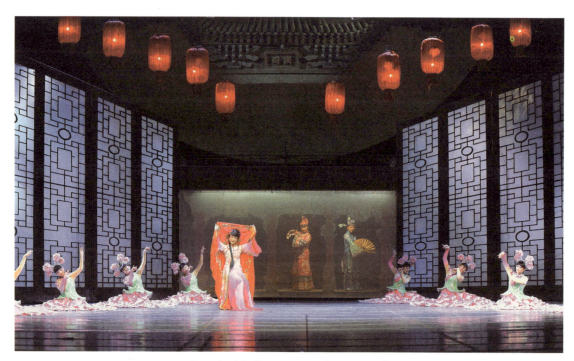

太原市歌舞杂技团演出《唱享山西》

企前三个团的全年总和还翻了一番，呈现出演出规模大、合作层次面广、政治演出影响大的良好态势。

在立足省内演出，做好常态演出的基础上，积极开拓海外市场，跨地域延伸演艺产业链条。先后在法国留尼旺，日本北九州，美国纽约、新泽西、宾夕法尼亚和华盛顿等地，以及沙特、西班牙、韩国、加拿大等国家进行了商业演出。特别是2011年7月，歌舞杂技团有4支队伍分别赴美国、西班牙、法国、韩国演出，其中美国与韩国都是签订为期一年的商演订单。演员全部派出还不够，分别又从大连、河南临时借调了个别演员。演出量的增加，在给团里带来良好的社会效益和经济效益的同时，演职员的收入有了大幅提高。较2009年以前，人员工资普遍增幅50%以上，有的演员收入成倍增长。鲜活的机制让演职员直接受益，增强了凝聚力、创作力和艺术生产力。

三、创作精品，提高艺术生产力，三年推出五台剧目和晚会

紧紧围绕演出市场需求，一手抓演出，一手抓创作，不断打造舞台精品剧目，3年推出5台大型剧目和晚会，一举改变了原先两团没有文艺精品的局面。2009年初创排出大型综艺旅游晚会《唱享山西》，连续3年在青年宫演艺中心常态演出近400场，填补了太原市旅游市场的空白，为发展山西旅游，扩大山西品牌知名度作出了贡献，先后被评为"山西省十大旅游杰出品牌"、"省文化厅十大文化品牌"；2009年底创排出大型原创杂技主题秀《我们年轻　我们去追梦》，排出即赴台湾演出，演完之后，又连续签订两次合同。这样，一支队伍在台湾连续演出5个月，创下了大陆院团赴台湾演出时间最长的纪录。2010年，接到美国、法国等地商演订单，以往的节目已不能满足市场需求，全团连续创排了以适应海外市场为主的、歌舞杂技融为一体的综艺晚会"非常晋风"、"龙城新歌"两台综艺晚会，2011年春节，代表文化部和山西省文化厅赴美国纽约，在NBA的主赛场进行"春节中华之夜"大型演出，在新泽西、宾夕法尼亚、华盛

太原市歌舞杂技团演出《唱享山西》

顿等地进行为期11天的访问演出，受到了文化部和驻纽约大使的高度赞誉。

四、推进人才战略，形成"台上演着一批，台后练着一批，台下备着一批"的人才队伍

从最难培养的杂技演员入手，通过"挖苗子、请专家、团自带"三结合的手段，使杂技演员从2007年的21人，演不了一台完整晚会的状况，发展到目前有40多名演员、50多名学员，可同时分成几支队伍赴国外演出的可喜局面。通过在青年宫演艺中心驻场常态演出，培养和磨砺出一批优秀的青年声乐演员和舞蹈演员，形成"台上演着一批，台后练着一批，台下备着一批"的艺术人才库。

进入2012年，太原市歌舞杂技团将按照省委、省政府提出的转型跨越发展、建设文化强省的部署，在太原市委、市政府倡导的"争创一流"的大潮中，在创新的天地中，发展壮大，不断奋进！

■ 太原市话剧团有限责任公司

深化改革闯市场

太原市话剧团有限责任公司成立于1960年，是一家具有50余年历史的国有艺术院团，改制前为差额事业单位，在职人员47人。通过深化改革，近3年来太原市话剧团发生了翻天覆地的变化，从当年的无戏可演，到如今7部剧目在全国巡回演出，不仅获得了良好的社会效益和经济效益，还形成了自己独有的品牌效应。

一、体制改革重在面向市场的转型，不改革没有出路

改制前太原市话剧团机制不活、人心涣散、人员懒散。"政府是投资主体，领导是基本观众，获奖是唯一目的，仓库是最后归宿。"虽然环境艰辛，但是干部职工人心思变，人心思进，大家盼望改革，普遍认为不改没有出路。

伴随着文化体制改革的春风，2008年，太原市话剧团抓住"疯狂"系列电影全国热播的契机，适时打造了青春励志喜剧《疯狂的疯狂》。奇特的构思、崭新的形式、时尚的语言、现代的营销，给中国的话剧舞台涂抹了一笔时尚色彩，吹入了一缕清新之风。该剧首演之后，迅速蹿红

太原市话剧团演出海报

太原市话剧团演出话剧《饭局》

大江南北。从 2008 年 7 月正式投入商演,3年多时间五进北京,七赴上海,足迹踏遍深圳、苏州、青岛、南京 、长沙、西安、成都、天津等国内各大城市,演出 130 余场,所到之处无不受到好评与热捧。实践证明,正是市场的力量给濒临倒闭的太原话剧团带来了生机与效益,成为太原市文化体制改革中的亮点。广大干部职工切身体会到:只有通过改革,面向市场,赢得观众,艺术才有价值。

话剧《疯狂的疯狂》是太原市话剧团"借船出海"、利用品牌效应进行市场化运作的一次成功的探索和尝试,紧随其后创作的原创现实主义题材话剧《饭局》,则是在市场运作的基础上,向艺术高峰的又一次前进与攀登。该剧没有明星,没有大腕,完全依靠自身的创作力量。2010 年 4 月 7 日至 11 日,在北京首都剧场和上海戏剧学院大剧场,开演的钟声同时响起,《饭局》在首都首演,《疯狂的疯狂》在上海进行第六轮演出,堪称奇迹! 2010 年 12 月,话剧《饭局》荣获"中国戏剧文化奖·话剧金狮奖——优秀剧目奖"。

二、话剧艺术的生命之根在群众之中,直面现实,牢记责任,把思想性、艺术性、观赏性作为评价作品的最终标准

《疯狂的疯狂》和《饭局》的市场运作和艺术探索实践证明,国有艺术院团是主流文化的代表，是传播先进文化的主力军，必须用文艺讴歌时代，表现人民。文艺创作的目的不是为了孤芳自赏，也不是为了参评获奖，最终都是为了走向市场，服务观众。《疯狂的疯狂》之所以能商演百场而兴盛不衰，是因为有一个青春励志的主题，将生活情境、社会现象与地域文化充分结合起来，增加了时下最新鲜的社会元素，让观众感到亲切，乐于接受，能从中找到最大程度的娱乐、放松和满足。《饭局》则更是直面社会现实，广泛涉猎了各种当下最引人关注的社会热点问题，从50后到80后都不难从中找到自己的身影。

2011年建党90周年之际，太原市话剧团倾力打造了红色系列话剧。大型互动儿童剧《红孩子》教育少年儿童热爱祖国、热爱党；话剧《红色遗言》以"刑场上的婚礼"、"方志敏的清贫"、"赵一曼的大爱"和"渣滓洞的嘱托"为素材，从不同历史时期、不同侧面，用诗一样的语言热情讴歌革命先烈为党、为人民、为共产主义信仰、为中国革命的胜利舍生忘死的感人事迹，让人们深切缅怀、永远铭记、更加珍惜今天的幸福生活，齐心协力建设和谐社会。五四期间，《红色遗言》演出的效果出乎意料，年轻观众给予经久而热烈的掌声，久久不愿离去。观众动情地说：感人至深，催人泪下，发人深省，让人奋进。实践证

太原市话剧团演出话剧《疯狂的疯狂》

明，主旋律与闯市场并不矛盾，只要营销模式得法，照样能够在市场中赢得商机。

三、灵活多样的用人机制是院团发展的有效保障

太原市话剧团在实施全员聘用、竞争上岗的基础上，重点推行了从"养人"到"养戏"，从人才的"为我所有"到"为我所用"，从"人头费"到"项目费"

太原市话剧团演出话剧《红色遗言》

的根本转变。打造《疯狂的疯狂》时请到了"票房亿元导演"宁浩、"金牌编剧"宁财神，演员队伍由黄渤、刘桦等明星组成强大阵容，星光璀璨、引人注目，这就是"借船出海"，不求所有，但求可用。

剧团的经营要科学发展、可持续发展，单靠明星、大腕是不可能持久的。太原话剧团面向市场，进行广泛的社会海选，组成了一支平均年龄22岁、充满朝气和活力的"疯狂"团队。目前，太原市话剧团6个剧目采用不同的用工制度，签约演员上百人。2011年10月，太原市话剧团与广州地平线企业管理顾问有限公司签订长期战略协议，共同打造保险行业剧《谁与你同行》，12月在广州进行了首轮巡演，实现了剧目创作、生产、营销的产业化运营。

2012年春节期间，《饭局》《疯狂的疯狂》《绿野仙踪》《红孩子》轮番在省城上演，既满足了不同年龄不同层次观众的文化需求，又展示了太原话剧团文化体制改革的成果。四台大戏，老中青几代演员"你方唱罢我登场"，虽然合同方式各自不同，但却没有牢骚怨气、是是非非，增强的是凝聚力和责任感。

■临汾市影剧院有限责任公司

改制焕发新活力

根据中央文化体制改革精神，按照省市两级政府的安排，在市委宣传部、市文化广电新闻出版局的具体指导下，临汾市影剧院积极落实各项改革任务，2011年5月31日，顺利完成改制。由自收自支事业单位转制为企业。转企改制短短几个月，临汾影剧院就发生了可喜的变化。

一、明确责任，建章立制

随着改制的结束，临汾市影剧院有限责任公司着手建立企业章程，完善管理机构，明确责任，制定了人事管理、财务管理、业务管理、专业技术管理、采购管理及安全管理等各项规章制度。在企业发展过程中，树立了事事都有章可循，一把尺子量到底的管理理念。由过去的人情管理、关系管理转变

临汾市影剧院有限责任公司加强基础设施建设

为现在的制度管理。制度的建立与完善极大地促进了企业的发展。责任到人后，职工工作的自觉性、积极性大大提高，干工作的人多了，说闲话的人少了，企业管理走上了正轨。

临汾市影剧院有限责任公司挂牌

二、拓宽渠道，扩大业务

剧院建立30多年来，主要业务是接待政府部门重大会议召开和重大节庆日演出及电影放映业务。2002年后，随着政府部门压缩大型会议，随着群众文化生活的多样化，戏剧歌舞的营业性演出几乎没有，电影放映由于设备问题几乎处于停映状态，剧院全年利用率达不到10％。面对这种状况，改制后临汾影剧院领导班子多次研究，走出去到周边兄弟市参观学习，拿出了企业发展的新思路，想方设法多方筹集资金，总投资100余万元，将剧院大厅改装了数字放映设备，建立了规范化电脑售票系统，加入了电影放映院线。根据院线的要求又设立了食品服务部、观众休闲娱乐场所，在硬件建设上上了一个台阶。2011年7月至9月份单厅放映收入达到40余万元。还根据电影发展的态势，广大职工积极集资，单位拿出了一大块资金，二次工程又投入150余万元，改建了两个电影放映小厅，于2011年11月正式营业，使剧院放映场次达到20余场。利用前大厅的空间，改造成临汾市民间艺术品展览厅，展示地域特色民间工艺品，为宣传临汾、拓宽民间工艺品的销售市场，搭建了一个很好的平台。2012年春节期间，票房收入平均超过万元，日接待观众千余人次，极大地缓解了人民群众看电影难的状况，同时给剧院带来良好的经济效益。

三、改制得实惠，收入上台阶

改制得实惠，谁改谁就能得利。临汾市影剧院广大干部职工对这句话一开始从思想上没有认同感，但是在事实面前，他们相信了。首先是离退休人员，过去由于单位不景气，职工领不到全额退休金。通过改制，退休职工由事业保险转入企业保险，仅此一项退休工资在原来的基础上每人平均增加1200元左右，年减轻企业负担25万余元。这项举措既安定了退休职工的情绪，又减轻了企业的负担。在职职工短短的几个月，随着剧院电影收入的增加，工资由过去的几百元，提高了几倍，达到了人均工资2500元左右。各种福利也都得到提高，冬

临汾市影剧院有限责任公司开展多种经营

季取暖费由原来的700元到现在翻了一番，按国家规定发放。职工得到了实惠，情绪稳定，心情舒畅，工作积极性空前高涨。

四、加强管理，促进发展

改制后，按照企业管理规章，同职工签订了劳动合同，积极为职工办理了养老保险、医疗保险、工伤保险、失业保险，极大地解决了职工的后顾之忧。按照企业管理理念，不养闲人，能者多劳、多劳多得，一人多岗、人尽其才、物尽其力，职工双向选择的原则，把不适应本岗位的人员进行了调整，同时引进了专业人才。职工思想上树立了以院为家的观念，部门之间职工之间实行了竞争奖励机制。干部职工从过去见了活绕着走，转变为现在见了活抢着干，加班加点愿意干，单位和谐了，职工之间也和谐了。2012年1月23日开始，全体干部职工自愿牺牲节假休息日，坚持在工作第一线，没有任何怨言。大家心中只有一个信念，就是做好本职工作，确保业务开展，增加企业收入。与改制前干与不干一个样，领导让干啥就干啥，拨一拨转一转形成了鲜明的对比。

改制给临汾影剧院带来了生机，带来了活力。广大干部职工纷纷表示，有信心有决心把改制改得更加彻底，把企业管理得更加完善，使单位发展更加和谐，职工待遇更加实惠，服务水平更加提高。

■运城市蒲剧青年实验演出团

挖掘资源出精品

　　近年来，运城市蒲剧青年实验演出团按照中央和省委、省政府文化体制改革精神，坚持"带新人、走正路、出精品、兴戏剧"的办团理念，从体制和机制上深化改革，适应市场、占领市场，实行企业化管理，扎根于群众，服务于基层，剧目建设、人才建设、基本建设均迈上了一个新台阶，演出市场不断扩大，员工积极性极大提高，收入明显增加，剧团呈现出蒸蒸日上、兴旺发达的可喜局面。

运城市蒲剧青年实验演出团演出《山村母亲》

一、抓品牌质量建设，用品牌开拓市场

剧目是剧团生存和发展的重要基础，有了好剧目，有了品牌，才会有不断扩大的演出市场。2004年以来，运城市蒲剧青年实验演出团历时7载，精心打造的《山村母亲》一剧热演广大城乡，先后被评为"国家舞台艺术精品工程剧目"、"国家舞台艺术精品工程资助剧目"、"建党90周年全国现代戏进京展演优秀剧目"，荣获"中国戏剧节三项大奖"和山西省"文化艺术精品"称号，成为黄河金三角家喻户晓的知名品牌、蒲剧保留剧目和老百姓最喜欢的剧目，演出超过1300余场，单场演出费用由原来的3000～5000元提高到20 000元。剧团先后新创作了《鹳雀楼》、《关公夫人》、《前夜》，改编《刘胡兰》、《王宝钏》等16个剧目，常演常新，保持了旺盛的艺术活力。

2011年，打工10年、为12户农户还款39万元的诚信典范、运城市夏县乡

演出结束后，演员与农民群众互动

运城市蒲剧青年实验演出团戏剧大篷车送戏到山村

镇企业局原局长胡丙申荣获第三届全国道德模范提名奖、感动山西十大人物、中国十大玉德人物。运城市蒲剧青年实验演出团抓住这一契机，编创了反映中华民族传统美德和诚信精神的大型现代戏《还债局长》，与运城市信用联社合作，从2012年正月初三开始，在全市城乡巡回演出，引起了强烈反响，取得了良好的社会效益。

二、抓人才队伍建设，为戏剧事业提供可持续发展的强大动力

戏剧人才的培养是一项长期而艰巨的任务。为了戏剧事业的传承、繁荣和发展，运城市蒲剧青年实验演出团始终坚持培养优秀戏剧艺术人才，在地方戏剧教育方面创新教学理念，在打好"阵地战"上力求突破，培养一批，收获一批，成就一批，扎根一群，共培养全国戏剧小梅花奖演员28名，形成不断推动蒲剧事业传承发展的坚强队伍。目前，这批演员已挑起大梁，成为团里的艺术骨干。

运城市蒲剧青年实验演出团下基层为群众演出

三、抓营销策划，不等不靠，主动出击

改制前，剧团每年演出场次为200～300场。改制后，该团积极转变思想观念，不等不靠，主动出击，派出营销人员寻找市场、发现市场、扩大市场、占领市场。往年剧团正月初六以后才下乡演出，2012年正月初二就收了假，初三就开始下乡演出。截至目前，该团已签订180余场演出协议。2012年演出场次将达400场以上。

四、抓体制机制建设，引进激励机制，调动全员工作积极性

在文化体制改革中，该团积极引进激励机制，实施绩效工资，极大调动了全团人员的工作积极性。以往，不论是龙套还是主角，个人所得的演出补助费一个样，不利于调动员工工作积极性。实行绩效工资后，演职人员刻苦练功，主动学习，积极提升自身艺术水准，争着多演戏、多上角。演出时，坚持四个一

样："领导群众观看一个样，农村城市演出一个样，钱多钱少阵容一个样，观众多少质量一个样"，全团整体素质得到明显提高，团风进一步改善，得到群众好评，社会效益和经济效益大幅提高，奖金较以前增加了一倍，主要演员增加到三倍，剧团和员工收入得到根本性改善。

五、抓基础建设，延伸文化产业链，做强做大文化产业

在资金极端困难的情况下，剧团筹借资金近2000万元，建起了演艺大厅，今年6月建成后，将与旅游产业相结合，给剧团提供一个文化产业基地，也为新人提供一个展示艺术才华的平台，为做强做大文化产业开创全新局面。

运城市蒲剧青年实验演出团在文化体制改革中焕发活力求发展的事迹证明，改革激活力、改革促发展、改革出成果、改革将为文化艺术事业带来新的辉煌。

■ 《英语周报》社有限公司

打造全国教辅类报纸第一品牌

　　《英语周报》创刊于1983年4月，由山西省教育厅主管，山西师范大学主办，是一份面向全国大中小学师生的英语教学辅导类报纸。近年来，在省委、省政府的大力支持下，《英语周报》坚持改革创新，推动企业科学发展、创新发展，读者遍布全国各地，单期发行量达到1600万份。2007年荣获中国外语教辅传媒中首个"中国驰名商标"称号，取得了巨大的品牌效应。

　　2010年，按照文化体制改革部署安排，顺利完成了转企改制工作，英语周报社有限公司挂牌成立。在体制和机制方面建立起现代企业管理制度，成立了

《英语周报》社有限公司挂牌

董事会和监事会，实行了以绩效为核心的薪酬激励机制，推行了全员竞聘上岗机制。在全国设立了5个分社，实行分社社长负责制，将工作目标分解到各社，工作任务分解到个人，新的激励机制和分配机制将转企改制的优越性和灵活性充分体现出来。对非内容生产的部分经营层面进行股份制改造，组建由报社控股的物流分发公司和广告图书公司，以推动产业结构的优化升级，力争在"十二五"期间成为上市公司。转企改制后，员工的工资待遇有了明显增长，绩效工资所占比例大幅度提升，员工平均工资上涨了10%。

围绕打造品牌，英语周报社始终追求企业社会价值与经营价值相统一。企业不但要做大做强，更要做长做久，尤其是文化企业不但要有社会责任感，还要有能力把这种责任感传承下去。在近30年的经营中，他们始终坚持诚心待友，诚信合作，奉行诚信和责任品牌理念。多年来报社的收款率几乎是

《英语周报》获得"中国驰名商标"

100%，内容质量持续稳定。通过做好服务，国家的教育理念得到及时推广，各种优秀的教学思想得到广泛传播，教学一线的师生也获得了有价值的阅读内容。2001—2004年，报社与《光明日报》合作，举办了"迎奥运·用英语"文化助教工程和"向祖国花朵讲科普"社会公益工程，向全国1300多名中国科学院、中国工程院院士和1000所中学校长赠送《光明日报》和《英语周报》。2004年，报社向广大师生读者免费赠送学生版报纸16万份，价值416万元。同年12月，向希望工程捐赠了价值100万元的图书。报社不定期地向全国数千名教研员、特约作者和专家学者每期赠报5万多份，价值130多万元，赠送磁带7000多盒，价值12万元。5·12汶川地震后，报社向中国教育发展基金会及相关机构捐出善款1 134 036元现金，为灾区师生免费赠送总价值达220万元的报刊。

在企业经营方面，市场经济环境下单一的经营模式必然存在风险，企业发展到一定阶段需要在更大范围内开拓市场，形成新的成长周期。《英语周报》在前30年走的是专业化道路，积累了一定经验和资源，员工达到630人，直接从业人数达4000人，间接从业人数达6000人。必须在整合资源、创新模式、转变方式的基础上，以品牌做支撑，走出多元化道路。2011年初，在省委、省政府的支持下，"英语周报网络教育传媒产业基地"项目破土动工。该项目占地25亩，位于太原市高新区，紧邻滨河东路。项目建成后将成为太原市又一地标性建筑，集教学、教研、培训和教辅报刊、图书、音像及电子产品出版为一体，以多种业态形式保障《英语周报》多元化发展。目前，该项目被列入山西省文化产业示范基地和山西省服务业"1+10"工程，得到省委、省政府的高度重视。

《英语周报》社是山西省文化产业发展的先锋队和排头兵，"十二五"期间是报社发展的转型期、关键期、攻坚期和机遇期。《英语周报》社将以更大的胆气、更主动的姿态，抓住政策与市场的机遇，着眼长远，把握大势，坚持做强主业、多元发展、延伸发展，努力成为一家现代化的教育传媒产业集团，为建设文化强省作出新的更大的贡献。

英语周报网络教育传媒产业基地奠基

■ 山西清徐嫦娥文化艺术有限公司

面向基层创品牌

山西清徐嫦娥文化艺术有限公司是2004年在文化体制改革大潮中，由著名晋剧表演艺术家胡嫦娥自筹资金，成立的一家以晋剧艺术表演为主的民营文艺团体。经过数年坚持不懈的努力，现已发展为集剧目生产创作、戏剧文化研讨、戏曲人才培训和对外交流演出为一体的"国家文化产业示范基地"。公司拥有两个演出院团和一个戏曲人才培训基地，培养了250多名优秀戏曲人才，固定资产达到2000多万元，解决了240人的就业，年演出场次1200余场，年收入达到750多万元。

公司成立以来，始终围绕"弘扬民族先进文化，培养优秀戏曲人才，精心打造艺术精品，竭诚服务广大人民"的宗旨，秉承"以经济效益与社会效益相统一为企业发展之根本，以富有活力的机制体制为企业发展之保障"的发展理念，以不断探索创新的精神，把企业一步步做大做强。嫦娥文化艺术有限公司作为山西省民营文化企业唯一代表，多次应邀参加全国性重大文化活动，获得全国性赛事奖项20多个，省、市级奖项60多个，被誉为"山西民营院团的典范，全国民营院团的榜样"。

嫦娥公司获得国家级表彰

创新体制机制，激发创作活力。人才是第一生产力，是任何产业发展的主

嫦娥剧团长期扎根基层为群众演出

要基础和基本要素。嫦娥公司从灵活有效的用人机制、培养机制、激励机制、福利待遇4个方面入手，在选人、育人、用人、激励等环节上不断创新机制，不仅提高了表演技艺，保证了剧目质量，更大地激发了员工的积极性和创造力，以致新人辈出，佳作不断，达到了出人、出戏、出成果的目的。为了解决员工养老等后顾之忧，根据国家劳动用工制度和相关法律法规，依照员工与公司签约时间的长短，分别给予金额不等的养老保险等参保。仅此一项，公司每年都要支付56万元之多。通过多元化的方式引进人才，通过筹建培训基地实现了人才的自主培养，形成梯队建设，遵照艺术规律，通过对艺术一贯规范、严谨的态度和浓郁的艺术氛围吸引人才，同时又通过有效的激励机制和丰厚合理的福利待遇留住人才，为公司的发展提供了原动力，为可持续发展提供了保障。

面向农村基层，加强市场运作。作为文化企业，在立足市场发展、实现经济效益最大化的同时，实践企业的社会责任，履行社会义务，把经济效益与社会效益有机地统一于经营发展过程中。嫦娥公司发展的根本战略是遵循市场规律与艺术规律，以立足市场为切入点，进行清晰的市场定位，生产基层需要的高质量的剧目，在激烈的市场竞争中适应市场、把握市场、拓展市场、巩固市场。通过挖掘整理复排优秀传统戏，移植题材好的剧目和创作新戏的"三并举"创作原则丰富了演出剧目。目前本戏达到45部、折子戏30余出。演出足迹遍及三晋大地及陕西、河北、内蒙古、河南等周边省份的数十个县市和近千个村落，深入边老山区的山庄窝铺、矿山坑口，他们倡导的是"只要羊能上去的地方，戏就要上得去"，为了满足更多基层群众的文化需求，进行了大量的公益性演出，占到年演出量的10%～15%。

尽管基层演出条件比较艰苦，大多没有像样的舞台，居住饮食环境很差，但凭借着为民服务坚韧不拔的毅力和意志，冬忍雨雪风霜，夏耐蚊虫叮咬，往往

嫦娥剧团演出晋剧《龙兴晋阳》

为了赶台口夜以继日、跋山涉水连续奋战。公司在2005年赴革命老区陕西绥德的赶场演出中，夜半更深、道路崎岖不堪，一辆拉演员的大巴不慎翻入几十米的深沟，造成两死、30多人重伤的惨剧。当时胡嫦娥也因右腿骨折打了钢钉住进医院。老区人民手捧着熬好的鸡汤、煮熟的鸡蛋，赶往医院送到伤员的病床前，拿着靠卖土产换来的零用钱为演员们买补品，老乡们真诚朴实的情感深深打动了每一位演职人员。俗话说，伤筋动骨100天，演员伤势还未完全痊愈时，大家决定二上绥德。胡嫦娥拄着双拐为乡亲们演出，看到十里八乡的乡亲们像过年一样的兴高采烈，演员们感到莫大的欣慰。

集中优势资源，打造精品剧目。为了创作经典剧目，公司投资200多万元创作生产的大型历史晋剧《龙兴晋阳》，在第十一届中国戏剧节上一举夺得"优秀剧目奖"、"优秀演员奖"两大奖项。为了让农民也能够欣赏到这部经典剧目，嫦娥公司把它修改为既能进大都会豪华舞台的"城市版本"，又能适应基层戏台的"农村版本"。通过与山西梅花文化传播有限公司的合作，联袂创作演出了"梅花版"《打金枝》和《大红灯笼》。这三部精品剧目先后应邀参加了"首都国庆六十周年献礼演出"，第十一、十二届中国戏剧节，第九届中国艺术节，上海世博会，首届全国民营艺术院团优秀剧目展演和首都纪念辛亥革命100周年，中国·天津优秀民营院团交流演出等重大演出活动，不仅使更多的人了解和领略到晋剧的魅力，也提高了山西省文化企业的知名度和品牌形象，为文化强省建设作出了新贡献。2011年12月28日被山西省委、省政府授予"山西省文化体制改革先进单位"。

文化产业发展

WENHUACHANYEFAZHAN

文化产业快速发展

近年来，山西加快文化强省建设步伐，实施文化建设的"五大战略"，强力推进文化体制改革，出台扶持政策，落实文化产业发展的"五个一工程"，推动了文化产业的快速发展。预计2011年山西文化及相关产业增加值将达到380亿元，占GDP的比重为3.4%。"十二五"末，山西文化及相关产业增加值将超过1000亿元，占GDP的6%左右，成为国民经济支柱性产业。

一、产业总量增速迅猛，成为经济增长新亮点

截至2010年，全省文化产业法人单位11 692个，比2004年增加6097个；文化及相关产业从业人员29万人，比2004年增加5.81万人，占第二、第三产业全部从业人员的3%以上。2010年山西文化及相关产业增加值达到287.37亿元，比2004年增加200多亿元。2004年以来，全省文化产业增加值年均增长速度为25%，远远超过同期GDP的增速。2010年文化产业占GDP比重由2004年的2.33%提高到2010年的3.12%，提高0.79个百分点。不仅如此，文化产业劳动生产率大幅提高。2008年，全省文化及相关产业从业人员人均创造增加值8.16万元。2010年提高到9.91万元，比2008年增长1.75万元，增长21.5%。个体经营户人均8.08万元，比2004年的4.41万元增长83%。文化产业在全省经济发展大局中的作用日益重要，成为转型跨越发展的强大引擎。

二、结构逐步优化，文化产业发展形成新格局

行业结构呈现积极变化。分层来看，2010年，由网络文化服务、文化休闲

娱乐服务和其他文化服务构成的"外围层"实现增加值144.1亿元，占50.1%，比2004年上升8.4个百分点；由新闻服务、出版发行和版权服务、广播电视电影服务和文化艺术服务构成的"核心层"实现增加值69.9亿元，占24.3%，比2004年下降1.7个百分点。核心层、外围层和相关层的增加值之比为24.3：50.1：25.5。在文化及相关产业的九大分类中，实现增加值最高的行业是"文化休闲娱乐服务"（95.8亿元），其次为"文化用品、设备及相关文化产品的销售"（50.9亿元），再次为"出版发行和版权服务"（47.6亿元）。与2004年相比，文化用品、设备及相关文化产品的销售行业快速增长。从文化产业内部产值结构来看，文化休闲娱乐服务占到了全部文化产业增加值的33.3%，出版发行和版权服务占17.7%，两个行业占到全部文化产业增加值的50%。传统产业比重过大，现代新兴文化产业发展滞后的局面得到改观，以文化休闲娱乐、网络文化服务为代表的现代文化产业快速发展，成为山西文化产业发展的重要力量。

文化产业的空间集聚效应逐步显现。全省形成以太原、晋中、运城、长治为中心的文化产业空间格局，4个市文化产业增加值占GDP比重分别高出全省平均

山西省文化产业"五个一工程"专题汇报会

水平 2.2、1.7、0.8 和 0.1 个百分点，具体为太原（5.36%）、晋中（4.85%）、运城（3.89%）和长治（3.24%）。2004 年以来，文化产业增长速度超过全省平均水平（25%）的有 3 个市，分别为朔州（32.8%）、晋中（26.7%）、晋城（26.4%）。其中以太原和晋中板块的集聚效应最为突出。太原成为全省文化产品生产中心、集散中心和消费中心；晋中的平遥古城、绵山以及晋商特色的大院文化构成了主要的文化旅游区域。

所有制结构显现积极变化。据两次经济普查数据对比，2008 年，在山西各类文化产业单位中，内资 10 537 个，比 2004 年增加 3310 个，占 99.57%；港、澳、台商投资 24 个，比 2004 年增加 15 个，占 0.23%；外商投资 22 个，比 2004 年增加 15 个，占 0.21%。登记注册的各类内资单位中，最多的是私营独资 4965 个，比 2004 年增加 2398 个，占 46.91%。其次是国有单位 3075 个，比 2004 年增加 305 个，占 29.06%。私营独资企业数量的大幅增长，保证了产业的活力。国有单位虽然增长速度不快，但通过改革壮大了实力。特别是先后组建了山西出版传媒集团、山西广电信息网络集团、山西演艺集团、山西日报传媒集团、山西广播电视传媒集团、山西影视集团等六大骨干企业集团，初步形成了山西文化产业的骨干主体，大集团运作初现成效。

三、文化旅游共生共进，融合发展取得新进展

文化是旅游的灵魂，旅游是文化的载体，山西文化与旅游融合发展取得显著成绩。电视剧《乔家大院》的热播带动了山西乔家大院、王家大院、常家庄园等旅游景区的大发展；平遥国际摄影大展的连续举办大幅提升了平遥古城的国际影响力；舞剧《一把酸枣》落户平遥古城以及一系列旅游演艺节目激活了旅游景区的活力；话剧《立秋》等一批晋商题材的文艺精品掀起了晋商旅游热潮；平遥推光漆器、应县木塔、高平黑陶、广灵剪纸等工艺品成为炙手可热的旅游商品。大作品展示提升了区域的文化影响力。目前，武乡已经完成包括《八

路军》实景演艺项目等在内的红色旅游园区的建设。平遥、五台山等地的实景演艺项目已与有关机构签约，进入实施阶段。大同云冈景区的改造取得明显成效。大景点支撑初见成效。山西文化和旅游的融合发展带动山西旅游业实现了旅游总收入1000亿元，旅游接待人数1.2亿人次。

文化与科技、经济的融合，催生现代新兴文化产业，提升了产业竞争力。丰富的文化资源与高科技融合，开发出《天天健康》、《大耳朵爷爷历险记》、《不亦乐乎》等优秀动漫产品和太钢不锈钢创意产品、富士康机器人等创意产品，带动了相关产业快速发展。文化产业与网络信息产业的紧密结合带来了强大的联动效益，网络文化服务年均增长速度最快。文化产业与休闲、娱乐、餐饮、住宿等服务业紧密结合，带动文化休闲产业快速增长。2004—2008年文化休闲娱乐服务年均增长速度高达35.2%。

四、文化产品异彩纷呈，文化品牌实现新突破

以话剧《立秋》、舞剧《一把酸枣》、京剧《走西口》、说唱剧《解放》和晋剧《傅山进京》为代表的舞台剧掀起了山西文艺精品创作热潮。话剧《立春》、舞剧《粉墨春秋》、京剧《知音》、鼓乐剧《杨门女将》等一批优秀本土原创精品舞台剧目再创辉煌。小说《国家干部》、《前面就是麦季》，报告文学《寻找巴金的黛莉》等文学作品再现文学晋军的魅力，形成了具有浓郁山西特色的文艺精品体系。电视剧《乔家大院》、《八路军》、《吕梁英雄传》、《走西口》、《喜耕田的故事》、《天地民心》和电影《暖春》、《情归陶然亭》等影视精品屡创收视率新高，扩大了山西的文化影响。宇达青铜艺术品、广灵剪纸、平定刻花瓷、高平黑陶等入选国家礼品目录，木雕、骨雕、炭雕、麦雕、推光漆器等工艺品畅销国内外，形成了山西工艺品品牌。《文物中国史》、《流动的花朵》、《与农村党员谈心》、《中国话剧艺术通史》、《公司的力量》、《央企真相》等优秀图书或获得国家出版大奖，或成为图书市场的热销书。以《语文报》、《英语周报》为代

表的教辅报刊形成了华北最大的教辅产业群。动画片《天天健康》、《大耳朵爷爷历险记》、《不亦乐乎》等优秀动漫产品先后在中央电视台播出，获得了广泛赞誉。优秀的文化产品在扩大山西文化影响力的过程中，逐步形成了华夏之根、佛教文化、黄河之魂、晋商家园、边塞风情、关公故里、古建瑰宝、抗战文化等文化品牌，实现了文化品牌建设的新突破。

五、煤炭反哺文化，文化投融资构建新机制

山西拥有丰富的煤炭资源和文化资源，在推动煤炭资源整合的同时，构建煤炭反哺文化资源开发机制，加快文化强省建设，成为山西转型跨越发展的重要内容。一些煤焦领域有远见的企业家投资文化产业，涌现出绵山、皇城相府等典型。近年来，随着山西转型发展步伐的加快，各地纷纷出台了"一矿扶一企"等优惠政策，一大批煤炭企业家转型投资文化产业。如孝义的煤炭企业家

省委书记袁纯清、省长王君等为省属五大文化企业揭牌

联合投资5亿元开发石楼重点旅游项目，清徐的煤炭企业家投资2亿元试水动漫游戏，运城的煤炭企业家投入1.5亿元开发李家大院景区，朔州的煤炭企业家投资3.9亿元开发雁门关风景区。同时，一批国有煤炭企业也纷纷投资文化产业。大型煤炭企业兰花集团注入2.2亿元开发王莽岭景区，打造国内一流文化旅游品牌；晋城三八煤矿与泽州县共同开发珏山景区，年收入达1100万元。据统计，近3年来，山西民营资本投入文化产业的资金总额达425.5亿元。其中，投入文化旅游产业的资金总额达326.3亿元，投入动漫、工艺美术、影视制作、广告印刷等其他文化产业领域的资金总额近100亿元。特别是在旅游产业领域，5年来我省总投资近400亿元，仅煤炭、焦炭、电力等企业转型投资旅游业的资金就超过了200亿元，其中民营企业投资占60%以上。2007年以来，山西新开发的34家4A级景区中，以煤焦企业为投资主体的景区数量就占据半壁江山。

六、政策法规助力，发展环境呈现新气象

早在2008年，太原市就在全国率先出台《太原市文化产业促进条例》，开创国内文化产业立法先河。从2009年起，设立省级文化产业发展专项资金5000万元，各地纷纷设立市级和县级文化产业发展专项资金。为推动文化体制改革，省委、省政府先后出台了《关于深化文化体制改革的实施意见》、《关于印发贯彻落实国办发〔2008〕114号文件的补充规定的通知》、《关于山西出版集团等转企改制单位养老保险有关问题的通知》、《山西省国有文艺演出院团体制改革指导意见》等配套文件。省政府编制了《山西文化产业发展规划纲要（2009—2015）》，就全省文化产业发展方向、重点行业、重点项目、规划布局等进行了安排部署；出台《山西省推动动漫产业发展的实施意见》等政策性文件扶持动漫产业快速发展。为解决文化产业投融资困难，出台了《山西省金融支持文化和旅游产业发展实施意见》，吕梁市等地结合当地情况出台《吕梁市关于金融支持文化产业发展的指导意见》等政策。临汾市等地召开"全市文化体制改革落实社保政策

专题会议"，推动改革。2011年12月，省委、省政府出台《关于深入贯彻党的十七届六中全会〈决定〉加快建设文化强省的实施意见》，就全省未来5年的发展进行了安排。在这些政策法规的推动下，文化产品和服务的供给能力大幅提高，居民文化消费能力不断提高，城镇居民家庭人均文化娱乐用品及服务消费支出由2000年的192元提高到2010年的622元；同期，农村居民家庭人均文化娱乐用品及服务消费支出则由28元提高到114元。山西文化市场日益繁荣，发展环境不断优化，呈现出一派欣欣向荣的动人景象。

八大行业各领风骚

文化旅游业

历史文化资源是山西主要旅游景区的核心和基础支撑，大多5A、4A级旅游景区是国家级或省级文物保护单位，文化产业增加值与旅游相关的数据达30%以上。文化和旅游产业相互渗透，相互促进，文化旅游业得到快速发展，文化精品和演艺活动对旅游景区、景点的带动、推广作用进一步显现。电视剧《乔

洪洞大槐树寻根祭祖节盛况

吕梁北武当山景区

家大院》、《走西口》，舞剧《一把酸枣》等作品，不仅提升了山西形象，也带来了旅游业的兴盛。《走西口》播出以来，右玉旅游人数突破了50万人次。省委宣传部在央视等新闻媒体上推出"华夏古文明、山西好风光"宣传片，引起强烈反响。"华夏文明看山西"系列活动、平遥国际摄影大展、"我们的节日·清明节"、五台山国际旅游文化节等重点文化活动成功举办，实现了社会效益和经济效益双丰收。古建文化、佛教文化、根祖文化、黄河风情、红色旅游、太行山水等精品线路和品牌，在国内外的知名度显著提高。2011年全年入境旅游人数155.32万人次，高于年度目标14.32万人次，同比增长19.22%，高于年度目标4.22个百分点。旅游外汇收入5.67亿美元，高于年度目标0.5亿美元，同比增长22.08 %，高于年度目标6.08个百分点。全年实现旅游总收入1342.59亿元，高于年度目标 119.83 亿元，同比增长 23.92%，高于年度目标 7.92 个百分点。"十一五"以来，全省旅游投入力度加大，走出了一条政府主导、社会投资、招商引资并举的新路子。省委、省政府在财政政策和产业政策上对文化旅游产业的发展给予大力扶持，专门设立了省级旅游产业发展专项资金，每年拿出 1.5 亿元扶持文化旅游产业。2011 年 4 月，省委书记袁纯清带队在瑞士苏黎世进行旅游宣传推介，6 月，省长王君带队在意大利罗马进行旅游宣传推介，在国内外都产生了较大影响，充分体现了省委、省政府对文化旅游业发展的高度重视和大力支持。首届山西旅游博览会举办期间，北京、天津、河北、河南、陕西、内蒙古、新疆、新疆生产建设兵团以及港、澳、台等 11 个地区组团参展，参观人数达 15 万人次；签约项目 43 个，总金额 337 亿元；展出旅游商品、纪念品超过500 种；销售和赠送门票、纪念品近 50 万份，发放宣传资料超过 250 万份。大型实景剧《印象五台山》、《印象平遥》和《太行山》落户景区，填补了重点景区品牌演艺缺失的空白，实现了文化与旅游水乳交融、高端嫁接、协同发展。

新闻出版业

全省共有新闻出版集团 3 家，图书出版社 8 家，音像电子出版社 3 家，报纸77 种，期刊 200 种，连续性、内部资料性出版物 534 种，中央新闻单位驻晋记者站 81 家，省内报刊记者站77 家，印刷复制单位 3638家，出版物发行网点 2579处，有 8 家获得互联网出版资质机构，直接就业人数 6万余人。2010 年全省新闻出版业实现营业收入 100.59 亿元，总产出 102.95 亿

山西新今鼎文化产业发展有限公司研发的珂罗版印刷工艺产品

元，资产总额119.93亿元，首次实现"三超百亿元"的历史性突破。利润总额9.24亿元，纳税总额4.58亿元。在全国各地区总体经济规模综合评价排名第22，山西出版传媒集团在全国31家出版集团中排名第14。山西教育出版社在全国550家图书出版单位中排名第30位，列地方社第11位。《英语周报》以平均期印

哈尔滨全国书市山西展区

数1423万份（第二名《中学生学习报》638万份）的超高数量位列2010年平均期印数报纸第1名。全省新闻出版产业增加值占同期全省文化产业核心层增加值比重稳步保持在65%左右。积极推动晋版出版物"走出去"，版权贸易连续5年实现顺差。2011年，引进《男孩皮尔的故事》等版权28种，输出《形意拳谱五纲七言论》、《太极拳讲义》等版权46种，向中国台湾首次输出电子版权23种，开创了版贸工作的新领域，版权引进和输出数量创历史新高。突出项目带动作用，以项目推动产业结构调整，助推产业发展。山西新华物流中心（1期）、《山西日报》印报基地、《太原日报》报业园区、临汾文化产业园（2期）等项目建设完成并投入运营。"十二五"期间，全省新闻出版业发展将保持25%左右的年增速，到"十二五"末全省新闻出版业总产出达到300亿元以上目标。重点围绕新闻出版工作政治性、文化性和产业性"三重属性"的定位，明确构建先进文化传播体系、公共服务体系、报刊业集约化发展体系、印刷物流现代产业体系、新兴业态全媒体发展体系、信息服务体系、新闻出版市场体系、对外交流与贸易体系等"八大体系"，强化政策保障、体制机制保障、高新技术保障、项目支撑保障、产业结构保障、行政保障、人才队伍保障、其他基础性保障等"八项保障"。以"八大体系"和"八项保障"为支撑，推动山西新闻出版业实现跨越式发展。

印刷复制业

"十一五"期间,山西印刷复制业步入良性发展轨道,工业总产值逐年增长,年平均增长率超过15%,特别是包装装潢印刷业发展迅速。截至2010年底,全省共有印刷复制单位3638家,占新闻出版业单位数量的60.1%。2010年总营业收入49.02亿元,占新闻出版业的47.62%;利润总额4.33亿元,占新闻出版业的47.63%;就业人数37 144人,占新闻出版业的58.05%。全省规模以上印刷复制企业(年产值超过5000万元)共有13家,2010年工业总产值10.33亿元,占印刷复制业总产值的21.07%。其中山西运城制版集团股份有限公司是目前全球最大的制版企业,子公司不仅遍布全国,在境外28个国家设立36个子公司,有独资也有合资,但全部是集团控股。近年来,印刷园区、基地建设步伐加快,外来资金(包括外资、沿海城市、煤炭企业等)投资日趋增多。新闻出版产业20个全省首批重点文化产业项目中,印刷复制业占到11项。可以说,印刷复制业已经成为出版乃至文化产业的重要支柱。"十二五"期间,印刷复制业将在全省

太报传媒印业园区图

山西新华印业有限公司胶订车间

范围内逐步形成一个中心区（太原），三个产业带（运城，晋中、吕梁，大同）的产业结构布局，力争在调控有力、竞争有序、经营规范的基础上形成布局合理、结构优化、功能齐全、技术先进、质量提高、增效明显、适合市场需求的印刷加工工业和服务体系，努力实现营业收入翻两番、突破160亿元的目标。培育产值上亿的企业20家，产值在5000万元～1亿元的企业50家，扶持和推动4～6个产值在5亿元以上的印刷功能园区。

广播影视业

作为全省文化产业重要阵地和文化体制改革重点行业的山西广播影视业,近年来发展迅猛，态势良好。截至2011年底，全省共有广播电视播出机构123座（电台7座、电视台8座、广播电视台108座），开办213套广播电视节目（广播104套，电视119套），广播综合覆盖人数达3197.36万，综合覆盖率为93.29%;

电视综合覆盖人口数达3316.64万，覆盖率为97.54%。全省有线网络总长93 258公里，网络用户424.03万。广播电视从业人员20 356人。"十一五"期间，全省广电经营收入和国有资产得到大幅度增长，其中经营收入由10.07亿元增长到31.5亿元，增长了212.8%；总资产由38.48亿元增长到77.63亿元，增长了101.7%。在体制改革过程中，全行业推进了以事业、产业分开运营为主的资源重组和主体重塑工程，以"聘任制"为主的人事制度改革和以"绩效挂钩"为主的分配制度改革，推进了"总监负责制"改革和"制播分离"改革，从宏观管理和微观运营两个层面建立了一套新的制度体系；确立了"局设台、局管台、台控企"的体制构架，组建了山西广播电视台和各市广播电视台以及"山西广电信息网络（集团）有限责任公司"、"山西广播电视传媒（集团）有限责任公司"、"山西影视（集团）有限责任公司"三大产业主体；市、县两级文化、广电、新闻出版"三局合一"改革基本完成。国家广电总局2007年公布的2006年全国卫视城乡收视排位显示，山西卫视晚间黄金时段名列第9位，全天收视名列第14位；35个主要城市的收

太原人民广播电台举行2012年品牌推介会

视排名位列第 18 位。同时，各类节目获国家级奖 100 多项，包括范长江奖 1 项、中国新闻奖 6 项、中国广播电视新闻奖 37 项、电视文艺星光奖 10 项。积极参与大型活动的组织和播出，其中晋、蒙、陕、冀"二人台"电视大奖赛得到刘云山同志的高度评价；《同一首歌》走进西山矿区活动受到全国"两会"部分代表、委员的赞扬，连续三年开展万场公益电影下农村进社区等活动，受到了群众欢迎和国家广电总局的表扬。中国黄河电视台新开办一套

阳泉电视台外景

覆盖美国和加拿大的北美卫视、一座覆盖全球的"黄河国际电视孔子学院"、一套覆盖北美的文艺广播，美国三个有线频道和黄河国际电视孔子学院已有订制学员 300 万，成为全国最大的外宣教育平台。北美卫视收视率位列长城平台 17 套节目第 5，网站点击率位列第 3，受到中央外宣办和国家广电总局的表扬。电影产量、电视剧央视播出量、各类影视剧获奖三项主要指标都名列全国各省前茅。几年来年均电影产量 19 部、电视剧产量 500 集，21 部 400 余集电视剧在央视播出，获省部级和国际大奖 100 多项。

动漫游戏业

经过儿年发展，山西已形成以太原高新区数码港"山西动漫游戏产业发展基地"为中心，部分地市动漫企业为补充的动漫游戏业发展格局。山西动漫游戏产业发展基地成立以来，按照"政府支持、企业运作、行业集中、功能完善"的基本原则，充分利用太原高新区平台优势，以政策支持为依托，以专业孵化

山西完形文化科技有限公司原创木偶剧《不亦乐乎》剧照

器管理服务为手段，以促进动漫产品研发与市场转化、促进企业培育与产业发展为目的，通过吸引行业龙头企业入驻，加大原创动漫游戏产品扶持，带动相关衍生产品及产业链条延伸，带动周边配套设施建设，形成山西动漫游戏产业聚集区。目前，基地聚集95家企业，从业人员2500余人。其中动漫游戏相关企业38家，包括已通过认定的6家动漫企业，占全省动漫企业的87%。近年来，全省动漫企业共制作完成动画作品150余部，计3.1万余分钟。4部原创动画片在中央电视台首播，1部原创动画片在海外发行，30余部原创动画片在省市级电视台播出，27部原创动画作品在国际、国内获奖，3款大型网络游戏上线运营。山西博奥文化传媒有限公司制作的首部行业原创动画片《天天健康》（50集）2008年8月在中央电视台少儿频道播出，2009年获"美猴奖"中国动画系列连续片提名奖。山西森艺文化传媒有限公司制作的中国首部未成年儿童思想道德建设动画短片《包子 剪子 锤》（100集）在中央电视台一套节目《动画城》栏目首播。山西完形文化科技有限公司制作的原创木偶剧《不亦乐乎》（66集）在中国台湾和山西电视台少儿频道播出，2009年获第42届美国国际电影及电视节儿童节目银屏奖。山西舶奥动画制作有限公司制作的原创动画片《夺宝小飞侠》

山西晋城泽州二十八宿影视公司作品《大耳朵爷爷历险记》获奖证书

（100集）和《晋商》（26集）获2009年第十五届上海电视节入围提名奖和优秀项目奖，《走进低碳新生活》获2010年第五届中国科教影视"科蕾奖"自然类一等奖。山西问天科技股份有限公司获得国家新闻出版总署评选的中国十大游戏企业新锐奖，该公司两款大型原创网络游戏《仙OL》和《问情》上线运营并实现赢利，标志着山西网络游戏产业进入新的发展阶段。

演艺娱乐业

近年来，山西演艺娱乐业发展势头强劲，以文化休闲娱乐、网络文化服务为代表的"外围层"异军突起，成为支撑山西文化产业发展的重要力量。2010

全民健身工程普惠大众

年，由网络文化服务、文化休闲娱乐服务和其他文化服务构成的"外围层"实现增加值144.1亿元，占50.1%，比2004年上升8.4个百分点。在文化及相关产业的九大分类中，实现增加值最高的行业是"文化休闲娱乐服务"（95.8亿元），文化休闲娱乐服务占到全部文化产业增加值的32.4%，以往传统文化产业比重大，现代新兴文化产业发展滞后的局面得到一定改观。2010年，全省共有各种各类剧团280个，从业人员12 247人，当年新排上演剧目60个，演出47 000场，观众人数达5000多万，总收入3.2亿多万元，增加值2.4亿多万元。2011年底，全省共有持有合法许可证照的演出经营单位180家、演出经纪机构43家、娱乐场所经营单位2365家。健身休闲产业得到迅猛发展，粗具规模。2011年全省从事健身休闲的就业人员约为3万人，增加值约2.8亿元。建成农民健身工程22 845个，全民健身路径工程727条，乡镇全民健身活动广场128个，雪炭工程16个，全民健身中心8个，体育公园2个，全民健身活动广场1个，全民健身户外活动营地1个。全省人均体育设施面积从2005年的0.82平方米增加到1.4平方米。体育健身休闲业已经初步形成高、中、低档并存的格局，体育休闲服务产品的供给能力明显增强，服务项目和内容日趋多样，新兴项目不断涌现，价格趋向大

2008年5月在太原举办的国际自行车联盟小轮车世界锦标赛场景

众化，消费群体不断壮大，由此带动的相关产业不断发展、全面进步，体育健身休闲所特有的"乘数效应"得到明显体现。

艺术品与工艺美术业

山西艺术品与工艺美术行业涵盖了国家工艺美术行业的11大品类（雕塑工艺品、金属工艺品、漆器工艺品、花画工艺品、抽纱刺绣工艺品、地毯挂毯类、珠宝首饰及相关制品、民族工艺及其他制品、美术陶瓷、烟花爆竹、天然植物纤维编织工艺品）。其中金属工艺品、首饰、漆器工艺品、美术陶瓷、民族工艺为重点行业，有传统特色品种12项，如推

中国工美珍宝馆（太原店）设计效果图

光漆器、澄泥砚、木版年画、堆锦、黑陶及黑釉刻花陶瓷、云雕、螺钿漆等。目前已有涉及工艺美术行业的13项手工技艺入选国家级非物质文化遗产名录，省级非遗名录13项。已初步形成集群规模的产业有平遥推光漆器产业集群、祁县手工吹制玻璃产业集群、五台山石砚产业集群、晋绣产业集群、剪纸产业集群、美术陶瓷产业集群，山西宇达青铜工艺和广灵剪纸列入国家级文化产业示范园区。全行业现有两名国家级工艺美术大师、32名省级工艺美术大师、18名民间工艺美术大师、91名高级工艺美术师。全省有9个大专院校开设与工艺美术行业相关专业，其中教师374人，在校生4920人。有5家专业科研机构，27个专业藏馆，12家专业市场。"十一五"期间，工艺美术行业规模以上企业由3户增加到27户，从业人员由766人增加到6324人，产值由1.12亿元增加到31.59亿元，销售收入由8600万元增加到34.09亿元，利税总额由400万元增加到4071万元，出口交货值由3700万元增加到1.2亿元。"十一五"期间荣获国家级大

师精品"百花杯"奖金奖 11 枚、银奖 20 枚、铜奖 22 枚、优秀奖 44 枚，国家级旅游设计大奖"金凤凰"奖金奖 6 枚、银奖 10 枚、铜奖 20 枚、优秀奖 13 枚，获得 4 枚"联合国教科文组织杰出手工艺品徽章"等奖项。

节庆会展业

近年来，山西全省节庆会展方兴未艾，亮点频呈，平遥国际摄影大展、五台山国际文化旅游节、大同（云冈）文化艺术节等一批优秀文化节庆会展已引起国内外广泛关注。与此同时，全省各市积极举办富有地方性、特色性的文化节庆会展，如太原晋商文化艺术周、介休清明寒食文化节、古县牡丹文化旅游节、右玉西口风情生态旅游文化节等，打造文化品牌，推动产业发展。如 2010 年 9 月 24 日至 9 月 30 日在吉县黄河壶口风景名胜区举办的首届中国(山西)黄河

第三届中国古县牡丹文化旅游节开幕式场景

壶口文化旅游节，内容主要包括"魅力吉州"开幕式大型文艺演出活动、"璀璨壶口"文化精品暨特色农产品展销会、"浓浓乡情"地方戏曲精品大展演、全国书画名家邀请展暨"壶口神韵"摄影展、"共赢明天"经济合作洽谈会、"抗日民族统一战线"克难坡纪念馆开馆仪式、"秦晋之好"晋陕两省民间文艺大联欢等，近140家新闻媒体和新闻网站进行了转播，全国各地80多家企业参加了项目推介，吉县与16家企业签订了项目合作协议，协议投资总额达167亿元；100多位全国书画摄影名家的作品进行了展览，80多位全国书画名家来到壶口即兴挥毫泼墨，全省10个地市37个县2400多个品种的特色农产品和文化旅游产品进行了展销。据不完全统计，文化旅游节期间，全国各大网站对吉县的点击率提高了100多倍，活动吸引游客2.3万人。当年"十一"黄金周期间，壶口旅游火爆，游客人数大增。2011年游客人数快速增长，共接待游客86.05万人，同比增长22.8%，旅游综合收入6.884亿元。

文化企业百舸争流

山西出版传媒集团有限责任公司

山西出版传媒集团是山西规模最大、人数最多、改制最早、资产最优、效益最好的文化产业集团，于2006年12月21日正式挂牌成立，是一家集图书、报刊、印刷、发行、电子音像、物资供应为一体的产业链齐全的大型文化企业，成员单位16家，年出版图书和电子音像制品5000余种，拥有职工近万名。集团积极以科学技术带动产业进步，以工程化布局、项目化带动为战略，实施山西数字出版大厦、山西新华现代物流中心、山西新华数字化印制中心、《三晋文库》出版项目和出版"走出去"项目等重点项目，打造山西出版产业现代化数字编辑出版平台、现代化数字发行平台、现代化数字印刷平台和打造当代山西的"四库全书"。集团先后出版了《文物中国史》、《流动的花朵》、《与农村党员谈心》、《中国话剧艺术通史》、《中国著名儿童文学作家评传》、《玩具论》、《戏曲文献学》、《公司的力量》、《央企真相》等优秀图书，获得国家出版三大奖等奖项，在中医、武术、少儿、三晋文化、学术等方面形成出版"走出去"特色，成为全国20家出版"走出去"重点单位之一，自2008年始连续三年实现版权贸易顺差。2011年，集团实现资产总额67亿元，销售收入68亿元，与集团成立时（总资产、销售收入为23亿元）相比，总资产和总销售均增长了近两倍，发展速度创历史之最。到2015年，年出版图书规模将达到7000种，总资产和销售收入双达100亿元，集团整体完成股份制改造，实现上市目标。

山西广电信息网络（集团）有限责任公司

山西广电信息网络（集团）是山西省广电网络整合和统一规划、统一建设、统一运营、统一管理的唯一主体，于2011年4月25日正式挂牌运营，注册资金2000万元。集团按照全省一级法人、总分公司管理体

山西广电信息网络（集团）有限责任公司揭牌

制，先垂直管理、实现统一领导和经营，后资产重组的方式，整合全省广播电视有线网络。集团积极从事有线、无线、卫星的广播、电视、信息传播；广电宽带综合信息网的设计、建设、开发、经营和管理；高清交互数字电视、视频点播、互联网电视、跨屏转移等广播电视新业务的开发；宽带数据专网、互联网接入、公共信息服务和物联网等"三网融合"新业务的开发。力争"十二五"期末，资产达百亿，收入达50亿，成为山西文化产业的龙头企业和旗舰企业，实现山西广播电视有线网络转型跨越发展。

山西演艺（集团）有限责任公司

山西演艺（集团）是在整合山西省歌舞剧院、山西省晋剧院、山西省话剧院、山西省京剧院、山西省曲艺团等五大院团资本基础上组建而成的具有独立法人资格的省属国有文化企业，于2011年4月25日正式成立，注册资金2000万元，固定资产6700万元，员工934人。集团在五大院团基础上成立了演出公司、舞台美术制作公司和艺术培训中心，初步形成了比较完整的演艺产业链。集

团拥有晋剧《打金枝》、话剧《立秋》、京剧《走西口》和"黄河歌舞品牌"等一批留得住、传得开的优秀剧目，拥有一支囊括梅花、文华、杏花奖得主的人才队伍。集团将以创作"三个一批"（一批反映山西历史文化底蕴的舞台文艺精品、一批反映山西转型跨越发展新成就的文艺作品、一批为山西旅游服务的文艺作品）为统领，大力实施"210211"发展规划和"205010"人才工程，盘活优质资源，拓展演出市场，延伸产业链条，实现山西演艺产业生产活力显著增强、市场占有率显著提升、企业核心竞争力显著提高、产品国际影响力显著扩大目标，建成集创作演出、市场运营、资本运作为一体，在全国具有影响力和竞争力的大型国有演艺文化龙头企业。

山西日报传媒（集团）有限责任公司

山西日报传媒（集团）是山西日报报业集团投资设立的独资公司，于2011年4月25日挂牌成立，注册资本3000万元。集团实行党委会领导下的董事长负责制，设有办公室、财务部、人事部、战略企划部、市场部、拓展部、投融资部、新媒体研发部等职能部门。集团经营范围涉及广告、发行、印刷、网络新闻出版、互联网信息服务、文化产品开发及物流配送、摄影摄像、图片制作、投资控股文化企业、酒店经营和房地产开发、商务会展等业务。集团按照"做强主业、多元发展"的思路，以市场需求为出发点，实施联动广告经营机制，建设覆盖全省的发行网络和建设技术先进、设备一流的印报基地，并积极向数字化报业进军。截止到2011年12月底，公司总资产为3.67亿元，2011年经营收入3.22亿元。预计到"十二五"末，公司总资产将达到10亿元，年收入达到8亿元，努力将集团打造为综合实力强、竞争优势明显的现代传媒公司。

山西广播电视传媒（集团）有限责任公司

山西广播电视传媒（集团）是在划转省广电局及山西广播电视台部分经营

性国有资产及部分经营业务的基础上，组建的大型现代传媒企业，于2011年4月25日挂牌成立。集团下设6个职能部门、4个业务部门、3个代管单位、5个子公

山西广电传媒（集团）有限责任公司播控中心

司、2个报社和1个学院。集团将以内容生产、品牌建设为核心，以建设全媒体平台和多元产业链为主向，以节目集成、分发、播控，新媒体集群平台建设和新业态市场运营为主线，以集约化、规模化、多元化发展为路径，以科技进步、改革创新为动力，构建广电、网络、新媒体与平面媒体、全媒体、云视听互动互促发展的新格局，全力打造本土化、特色化、差异化的新媒体、全媒体产业高地；力争5年左右时间实现一到两个子公司上市，把山西广电传媒集团打造成资产超10亿、产值近30亿，进入全国先进水平，具有较强核心竞争力和综合实力的现代传媒集团。

山西影视（集团）有限责任公司

山西影视（集团）是整合山西电影制片厂、山西省电影公司、山西音像出版有限责任公司、山西广电影视艺术传媒有限公司等省属国有影视企业资源组建而成的国有大型文化企业，于2011年4月25日正式组建。集团主要从事电影生产、院线经营；电视剧拍摄、制作、发行；影视期刊《影视圈》的出版、发行；电子音像制品出版、发行；广告代理、制作和发布、经营；大型文艺晚会组织、承办；演艺经纪代理；影视艺术培训等业务。"十二五"期间影视集团将

紧扣"主业突出、品牌名优、市场竞争力强、综合实力雄厚"的发展目标，组建核心团队，通过电影大厦建设、山西数字院线公司建设、基地建设和影视投资公司建设，搭建发展平台；通过深挖山西本土文化资源，推出影视剧精品；通过强化美誉度、增强影响力，以历史文化题材和农村题材为主导，打造中部地区影视生产的高地和影视产业的知名品牌。

太原市文化广播电视集团

太原市文化广播电视集团成立于2006年，2009年由太原广播电视台作为出资人改制为台属、台控、台管的国有大型企业集团。现有资产16.89亿元，2011年集团经营收入56 300余万元，年经济总量超10亿元，成为太原市企业50强之一，山西省服务业80强之一。几年来，集团全面整合资源，先后拍摄《一代廉吏于成龙》、《神探狄仁杰》（1至4）等优秀电视剧，创作晋剧《傅山进京》、青春励志喜剧《疯狂的疯狂》、话剧《饭局》、舞剧《千手观音》和综艺旅游晚会《唱享山西》等文艺精品，《新闻快车》、《并州之剑》、《百姓说法》、《新闻对话》、《107早班车》等全国优秀栏目，并与上海东方明珠（集团）公司合作投资开发的太原·东方明珠湖滨广场工程项目等，现已构建起多元化的产业格局，发展成为集广播、电视、报纸、有线电视网络、科技开发、物业管理、文化旅游、文化会展和舞台艺术创作演出等为一体的大型文化传媒集团。

太原日报报业集团

太原日报社成立于1952年1月1日，2009年4月17日，组建太原日报报业集团。集团实行党委领导下的社长（董事长）负责制，现有员工1750人，总资产5.2亿元，2010年完成经营收入2.42亿元，广告收入突破1亿元，实现利润总额3865万元。集团下设总编辑委员会和太报传媒有限公司，拥有《太原日报》、《太原晚报》、《山西商报》、《太原手机报》和太原新闻网、太原日报网、太原晚报网、山西商报网；太报传媒公司下设广告、印务、发行以及物业、房地产开发等 5 个分公司。2011 年 5 月 11 日，新华社以"发展的路子越走越宽——山西太原日报报业集团改革成效显著"为题向全国介绍了改革的经验。《太原日报》、《太原晚报》被评为"2009—2010 中国品牌媒体百强城市党报、城市晚报品牌10 强"，太原新闻网被授予"2010 中国最具区域影响力门户网站"称号。"十二五"时期，集团将建设成为拥有优势品牌、规模经营、充足财力、先进技术和优秀人才的现代报业集团，跨入省会城市一流报业集团行列。

英语周报社有限责任公司

《英语周报》创刊于 1983 年 4 月，由山西省教育厅主管，山西师范大学主办，是一份面向全国大中小学师生的英语教学辅导类报纸。《英语周报》是目前国内外语教辅传媒中唯一被认定的"中国驰名商标"，报社以兴学育人为己任，服务教育为根本，全心全意为大中小学英语教学服务，坚持"依据课标、紧扣教材、同步辅导"的办报方针和"求高、求准、求实、求新"的办报理念，编辑出版了适合不同年级段师生阅读的高品位、高质量、多层次的文化精品，单期发行量达到 1600 万份，读者遍布全国各地。《英语周报》将建设成全国领先的集教学、教研、培训和教辅报刊、图书、音像及电子产品出版为一体的按照现代企业制度建立的教育传媒产业集团。

《英语周报》宣传网页

语文报社有限责任公司

语文报社的前身《语文教学通讯》杂志社创办于1978年，1981年《语文报》创办后即改名为语文报社，报社由山西师范大学主办、山西省教育厅主管。2010年10月，转企改制为《语文报》社有限责任公司，注册资金380万元，固定资产3000多万元。30多年来，报社坚持以"大语文"为编辑理念，以"传播语文知识、促进语文教改、弘扬祖国优秀文化、提高全民族文化素质"为编辑宗旨，以"高质量、高品位、实用性加可读性"为编辑方针，编辑、出版、邮发、发行《语文报》和《语文教学通讯》。目前报社

《语文报》宣传海报

已成为国内影响最大的语文报刊社，《语文报》被专家和读者誉为"中华语文第一报"，成为"中国驰名商标"，2010年经营总收入为4200万元。

山西宇达集团有限责任公司

山西宇达集团是专业化设计制造青铜巨型大型雕塑、青铜高档创意艺术礼品、青铜艺术品收藏品拍卖品、青铜旅游纪念品为主的大型文化产业集团公司，是国家文化产业示范基地、国家文化出口重点企业、中国艺术铸造产业基地，宇达青铜文化产业园是目前国内唯一的青铜文化产业园，拥有11个青铜雕塑艺术馆。宇达创意设计制作的高档青铜艺术礼品是国际青铜礼品行业的顶级品牌，巨型、大型青铜雕塑已成为国际、国内同行业第一品牌，代表作有长达78米的广州白云机场的巨型铜雕《五云九如》和内蒙古鄂尔多斯的成吉思汗巨型群雕、唐山高达78米的《丹凤朝阳》等。宇达集团制作的当代著名雕塑家的青铜艺术品、收藏品，已占有中国青铜雕塑艺术品拍卖市场70%的市场份额，青铜文化产品已出口13个国家和地区。

运城制版集团股份有限公司

运城制版集团股份有限公司是世界最大的专业制版集团，现有固定资产近30亿，员工10 000余人，其中大专及以上学历的员工4000余人，工程技术人员1000余人；并拥有德国、美国、瑞士、以色列、日本等先进国家及自主研发生产的电子雕刻机、激光雕刻机等450余台，可生产多种凹印版、压纹版、模切版、烫金版、软凹版，同时公司还生产尼龙膜、压铸镁零件、合金铝薄板、各种模具、转移印花纸、凹版印刷机、分切机、复合机等产品，形成了集研发、生产、管理、销售、服务、培训为一体的运行体系，年产各类版辊200万支以上的生产能力，国内市场占有率达76%以上，生产规模及生产能力均居世界同行业首位。集团前身是运城地区工艺美术厂，1997年改制为股份有限公司，自1992年开始设立第一家子公司以来，现拥有控股子公司83家。其中，境内子公司54家，境外子公司29家，从事制版业的子公司77家，已发展成为以制版为基础的多元化经营的跨国企业。

山西问天科技股份有限公司

山西问天科技股份有限公司是国内新兴的基于互联网网络游戏互动娱乐的开发商和运营商，是山西省唯一的自主研发网络游戏产品及提供互联网上线运

山西问天科技股份有限公司

营的综合性服务公司。自2008年4月1日成立以来，秉承"摒弃速成、铸就精品"的创业精神，以做中国最具专业素质的服务型领导企业为目标，以提供高品质"民族原创互动娱乐产品"为核心，致力于中西部互联网产业基地的孵化与建设，自主研发出多个创新技术引擎，并应用于网络游戏产品的开发及延展。目前，拥有自主知识产权5项，员工500余人，设立了山西总部、北京分部，建立了游戏引擎研发中心、网络游戏研发中心两大研发机构及数字内容服务运营中心，已逐步成为中国网络游戏领先原创力量的发散地之一。公司入选"第5批民族网游工程"，被评为"金凤凰奖中国10大新锐网游企业"。开发的大型网络游戏《仙OL》，被评选为"金翎奖10大最受期待网游"。

文化景区魅力四射

五台山文化风景区

五台山风景名胜区位于山西省五台县东北部，总规划面积599平方公里，是我国第38处世界遗产地，是首批国家级风景名胜区、国家森林公园、国家地质公园和国家5A级旅游景区，是历史最悠久、规模最宏大、地位最尊崇的佛教圣地之一。

五台山地质结构独特古老，拥有奇特而完整的地球早期地质构造、地层剖面、古生物化石遗迹、新生代夷平面及冰缘地貌，完整记录了地球新太古代晚

五台山文化风景区台怀镇全景

期至古元古代地质演化历史，具有世界性年代地层划界意义和对比价值，是开展全球性地壳演化、古环境、生物演化对比研究的典型例证。五台山至今仍保存有自唐代以来中国7个朝代的寺庙68座，其中全国重点文物保护单位13处，省级文物保护单位7处，这些文物建筑代表了中国古代建筑在技术和艺术上的突出成就。寺庙建筑、佛塔、雕塑、壁画、碑刻等佛教遗存，全方位见证了近2000年间佛教中国化的成功演变及其在东亚地区的传播过程，为消失的中国皇家道场文化和生命力依然旺盛的文殊信仰文化提供了独特的见证。五台山复杂的地形、多变的气候和多样的土壤等自然地理条件为生物多样性的形成和发展提供了优越的环境基础，蕴藏着丰富的动植物资源。它以古老而独特的地貌和清凉高寒的气候，与佛教文化相依相衬，孕育了世界佛教的文殊信仰中心，绵延传承1600余年，展现了一种奇特而富有生命力的组合型文化景观，使之成为朝圣礼佛、科考探秘、避暑纳凉的理想场所。

　　五台山于1985年正式对外开放，20多年来，认真遵循"科学规划、严格保护、统一管理、永续利用"的工作方针和"规划为纲、线路为型、市场为先、文化为魂"的基本原则，先后完成了资源整合、品牌打造、设施配套、功能完善、市场对接、客源增长等各个阶段的目标和任务，形成了"吃、住、行、游、购、娱、旅游信息、安全健康"等要素配套完善的服务功能体系，旅游产业取得了长足发展，年接待游客达到321万人次，门票收入达到2亿元以上，居山西省景区之首。

云冈石窟文化景区

　　云冈石窟位于山西省大同市城西16公里处的武周山南麓，是我国现存规模最大的古代石窟群之一。2001年入选世界文化遗产名录，是第一批全国重点文物保护单位和国家首批5A级旅游景区。石窟依山开凿，东西绵延1公里，现存大小窟龛254个，主要洞窟45座，造像51 000余尊，最大的高17米，最小的

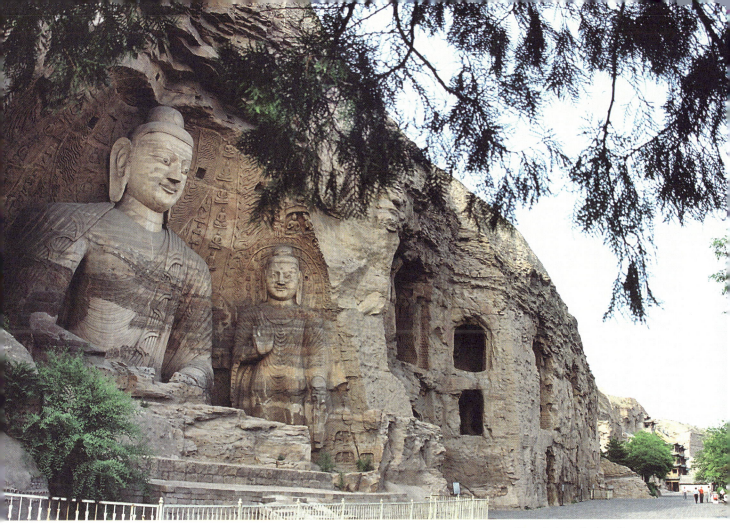

仅有0.02米，动植物、花纹图案不计其数。石窟雕刻艺术精湛，造像内容丰富，形象生动感人，为中国佛教艺术的巅峰之作，代表了5世纪世界雕刻艺术的最高水平，是北魏拓跋王朝倾其国力兴建的辉煌伟业。

2008年，为科学保护世界遗产，大同市委、市政府全面启动了"云冈石窟周边环境治理工程和云冈大景区建设工程"。2010年9月，云冈大景区建设工程全部竣工，核心景区内新建了云冈石窟研究院办公区、云冈北魏陈列馆、演艺中心、辽金食货街、灵岩寺、游客服务中心等文化旅游服务设施，修复了周总理纪念室、皮影戏演艺中心，恢复了北魏时期"山堂水殿、烟寺相望，林渊境景、缀目远眺"的历史风貌。扩建后云冈景区面积为224万平方米，景区面积较原来扩大了10倍，旅游环境堪称国内一流。依托景区，大同市从2000年起每年8月18日—8月28日举办中国大同云冈·恒山旅游节〔第十届改为中国（大同）云冈文化艺术节〕，现已举办10届。如今，云冈石窟已成为中外人士倾慕和向往的旅游胜地，年接待游客 139 万人次，门票收入达到 2900 万元以上。

平遥古城文化景区

平遥古城位于山西省晋中市平遥县，是一座有着2700多年悠久历史的文化古城。它是中国汉民族城市在明清时期的杰出范例，它保存了其所有特征，而且在中国历史的发展中为人们展示了一幅非同寻常的文化、经济、社会及宗教发展的完整画卷。1986年，被国务院命名为第二批国家历史文化名城，1997年，平遥古城及其周边的双林寺、镇国寺一同被联合国教科文组织确定为世界文化遗产。

平遥古城由城墙、店铺、街道、寺庙、民居共同组成一个庞大的建筑群。整个城池布局对称，特色鲜明，以市楼为轴心，以南大街为轴线，形成左城隍、右衙署，左文庙、右武庙，东道观、西寺庙的封建礼制格局。城内道路

平遥古城墙

框架纵横，四大街、八小巷、七十二条蚰蜒巷构成八卦图案，南大街、东西大街、衙门街和城隍庙街形成"土"字形商业街。古城内主要街道两侧，完好地保存了220多家古店铺，拥有3797处具有保护价值的古民居，其中保存完整的有448处。

早在明代，平遥就已经是繁华的商业中心，店铺林立，商贾云集，素有"小北京"之称。平遥古城是晋商发祥地，古城票号占全国晋商票号总数的近一半。平遥古城经过数千年的历史变迁，留下了各个时期不同的文化印记，建筑文化、寺庙文化、宗教文化、吏治文化、儒学文化和民俗文化等多种文化元素，构成古城的文化特色。平遥牛肉、推光漆器、长山药、剪纸、布鞋等土特产品享有盛誉，百余种地方风味小吃和民间传统风土人情等赋予了古城极其丰富的文化内涵。

平遥古城先后被评为"华夏第一古城"、"中国最值得外国人去的50个地方"之一、"中国优秀旅游目的地"、"中国十佳古城"之一、"旅游中国名片"、"中国旅游文化示范地"、"美景中国——中国最美（最佳）旅游胜地"、"全球最值得旅游的地方"、"全国低碳旅游试验区"。从2001年开始，古城于每年9月19日至25日举办为期一周的平遥国际摄影大展，现已举办11届，先后获得"中国最具国际影响力的十大节庆活动"之一、"中国节庆50强"之一、"中国十大赛事博览节庆"之一、"中国十大国际性节庆暨改革开放30年中国节庆杰出典范奖"等殊荣；平遥中国年活动荣获"全国节庆活动百强暨2008年度中国十佳民俗节庆"称号。目前，平遥古城年接待游客181万人次，门票收入达到1亿元以上。

晋祠文化景区

晋祠位于太原市，是全国首批重点文物保护单位，首批国家4A级旅游景区，是我市最负盛名的风景名胜区，是我市最重要的对外开放窗口。晋祠历史文化遗存极为丰富，文化遗产价值极为独特。是中国现存最早的皇家祭祀园林——

晋祠难老泉

晋国宗祠；是中国古代建筑艺术的集约载体，其宋元明清至民国本体建筑类型，时代序列完整的孤例，附属彩塑壁画碑碣均为国宝；是三晋历史文脉的综合载体，为晋文化系统上溯西周封唐建晋至盛唐肇创文脉传承的实证；也是申报世界文化遗产和国家级风景名胜区的特有资源。

晋祠博物馆成立于20世纪50年代，隶属太原市文物局，是省、市精神文明建设的一个重要窗口和阵地。晋祠博物馆作为晋祠风景区的主体管理单位，是一座集文物保护、学术研究、陈列展览、安全保卫、景区建设、重要接待及社会教育于一体的综合类博物馆。

晋祠文化遗存极为丰厚，有宋、元、明、清时期的殿堂楼阁、亭台桥榭等各式建筑100余座，各种雕塑100余尊，碑碣400余通，上千年古树20余株。特别是主体建筑圣母殿被誉为中国古代建筑史上北宋时期的代表作，并与我国桥梁建筑史上甚为罕见的宋代建筑鱼沼飞梁，稳如大殿、巧似凉亭的金代建筑献殿，共为晋祠三大国宝建筑。保存在圣母殿内的宋塑群像突破了宋以前宗教造像的模式，而成为当时社会真实人物的写照，开创了雕塑艺术写实作品的先河，它不仅是中国雕塑史上唯一反映宫廷人物的造像，而且是中国雕塑史上艺术高超的罕见精品。此外，周柏、唐太宗李世民《晋之铭并序》碑等也尤为珍贵，具有极高的历史和艺术价值。晋祠难老泉水昼夜涌流，声响如玉，更为景区增色。

晋祠因其历史、艺术、科学和鉴赏价值，而成为古代宗祠与造园艺术相结合，且跨越历史最长又最具代表性的实例，是中国古代文化和人类建筑艺术宝库中一份最珍贵的遗产。

王家大院简介

王家大院位于山西省灵石县城东12公里处的中国历史文化名镇——静升镇。距世界文化遗产平遥古城35公里、介休绵山4公里。

王家大院

王家大院由静升王氏家族经明清两朝、历300余年修建而成，包括五巷六堡一条街，总面积达25万平方米，是清代民居建筑的集大成者，是传承5000年中华文明的艺术典范。现已开放的视履堡、红门堡、崇宁堡三大建筑群皆为黄土高坡上全封闭城堡式建筑群，共有大小院落231座，房屋2078间，面积8万余平方米。主体院落为前堂后寝式布局，不同身份人的居所和不同功能的院落均按照封建等级制度巧妙布设在有限的空间中，不仅体现了功能齐全、成龙配套的实用性，而且形成了院内套院、门内有门、层楼叠院、错落有致的艺术构架。巧夺天工的三雕装饰品俯仰皆是，中国传统的吉祥花草、珍禽瑞兽、历史典故等在古代匠人的精雕细琢下，定格成一幅幅或抒发情怀、或寄托希望、或勉励自身、或训诫后辈的美丽画卷，集中展示了中华民族深厚的文化底蕴和王氏家族独特的治家理念。

王家大院自1997年开放以来，在海内外产生了极大影响，成为全国知名的旅游品牌。2002年初被评为国家4A级旅游景区和中国"质量万里行"全国示范单位，2006年被国务院列为"全国重点文物保护单位"，同年12月15日，列入《中国世界文化遗产预备名单》。王家大院以其雄浑磅礴的规模气势，叹为观止的建筑艺术，深沉厚重的文化品位，被国内外众多专家学者誉为"中国民间故宫"、"华夏民居第一宅"和"山西的紫禁城"，并赢得了一个流传很广的口碑——"王家归来不看院"。

介休绵山风景名胜区

绵山是山西省人民政府首批公布的重点风景名胜区、国家4A级旅游景区。它位于山西省中部的介休市东南20公里处，横跨介休、灵石、沁源三市县，绵延百里，主体在介休市境内。其总面积294.75平方公里，最高海拔2566.6米，相对高度在1400米以上，大西高速铁路、南同蒲铁路、108国道、大运高速公路从山脚下通过，距省会太原仅1小时车程，交通十分便捷。

　　绵山是中华民族最古老的纪念性节日寒食节的原发地，距今已有2640余年的历史（比端午节早350余年）。春秋时期，介子推历经磨难辅佐晋公子重耳复国后，功不言禄，携母隐居介休绵山。重耳烧山逼他出来，子推母子隐迹焚身。晋文公为悼念他，令人取一块烧剩的木头制成木屐，穿在脚上顿足哀号"足下"，"足下"之称由此而来。并下令在子推忌日（冬至后105日）禁火寒食，形成寒食节。第二年寒食节的翌日，晋文公重上绵山悼念介子推，想起子推割股时所说"我不求任何封赏，希望主公日后能成为一位清明的国君"的心愿，遂把这天定为"清明节"，并把与子推母子一起烧死后又复活的那株柳树封为"清明柳"。

　　绵山山势奇特，有大小天然溶洞百余处。最大的"抱腹岩"，其山势如两手抱腹，形成一个高约60米、长约180米、深约50余米的巨型岩洞。抱云峰寺200余间殿宇馆舍及万余名游人于"腹"内，融2000余年历史文明于其间。绵山的

绵山大罗宫

寺庙，或耸立于峰巅，或镶嵌于崖壁。佛教寺院有东汉铁瓦寺、三国曹魏抱腹寺、北魏鸾公岩铁佛寺、隋唐回銮寺，建造年代都在2000～1300年之前。道教建筑群大罗宫，总面积共达3万余平方米，为全国庙观之最。宫内百位名人所书《道德经》巨型（200余平方米）木刻和300余平方米"众仙朝元"布画、"众妙堂"数百尊古代彩塑俱为稀世珍品。抱腹寺下方的《大唐汾州抱腹寺碑》，落成于唐开元二十年（732年），距今已有1200余年的历史。它记述了抱腹寺的兴建始末，以及绵山为"焚介推之麓"等重要史实，为历史见证；碑文、书法、镌刻都为上乘，堪称"三绝"，为绵山镇山之宝。寺庙中还有大量唐、宋、元、明

历代彩塑、碑刻，都是稀世珍宝。

1995年，民营企业家、山西三佳集团董事长阎吉英投巨资恢复开发绵山，至今已形成李唐文化、道家文化、佛教文化、介子文化和山水自然文化五大区域。绵山旅游行在云雾中，吃在岩沟边，住在悬崖上，旅游基础设施完善。各餐馆推出了历代帝王将相和历史名人以及普通百姓纪念介子推的系列寒食数十种，利用本山地道草药烹调的系列药膳，还有秦王李世民为雀鼠谷、度索原大捷庆功的秦王宴。游人至此既可一饱口福，品尝享受独特的饮食文化，又能大开眼界，增长知识。

绵山栈道

长治八路军文化景区

长治八路军文化景区是以弘扬八路军文化精髓为宗旨的新一代红色旅游景区,是中国唯一体验式红色旅游主题公园。景区包括八路军文化园和游击战体验园,占地面积约300亩,概算总投资3亿元。文化园位于武乡县城内,背靠凤凰山,东临马牧河,依托太行山特殊的地理位置。武乡县是著名的革命老区,八路军总部旧址所在地,太行山抗日根据地的指挥中心。朱德、彭德怀、左权、刘伯承、邓小平、何长工等老一辈无产阶级革命家曾长期生活和战斗在这里。园内设有八路村、军艺社、拓展项目区和三场不同风格的演出。八路村真实还原抗战时期八路军生活、生产、工作、娱乐的历史场景;军艺社结合高科技数字技术,展现八路军"亦文亦武"的抗战风貌;拓展项目区通过水面、高空、陆地三大拓展区域,为游客提供军事训练和团队精神凝练的广阔场地;三场常

长治八路军文化园

态演出——情景剧"反扫荡"、影视蒙太奇体验剧"太行游击队"、"欢庆胜利"大巡游，生动再现了八路军将士与当地老百姓军民同心、共同抵抗日军的艰苦历程。在参观游览的同时，还可以参与到"当一天八路军"的活动中，穿军装、照军相、扛步枪、吃小米饭、住老区炕、唱抗战歌、看抗战戏，穿越历史时空，深度体验八路军文化。游击战体验园位于八路军总部、百团大战指挥部旧址——蟠龙镇砖壁村，三面悬崖、地势险要，主要由八路军十大战法中的地雷战、地道战、追击战和围困战等参与项目，以及具有独特风格的现场情景表演——勇士扣篮秀和真人 CS 实战体验等构成。整个园区利用机械、声、光、电等现代高科技手段，生动再现八路军与日军斗争的历程，游客可以直接参与"打一场游击战"的角色扮演活动，手握机枪、高举手雷、隐埋地雷，真正当一回抗日英雄。

2011 年 8 月 19 日大型实景演出《太行山》在武乡县风景秀丽的太行龙湖水域及山体首演。主剧场占地面积 290 亩，演出控制面积（含水域面积）60 万平方米。该剧被列为山西"三大精品演艺"工程之一，是弘扬太行精神、打造全国最大的八路军文化主题公园的重点工程，总投资 1.5 亿元，分为"序"、"太行血"、"太行魂"、"太行情"、"太行泪"、"太行剑"6 个部分。该剧以打造我国北方第一个以革命历史题材为内容的大型实景演出为品牌追求，以太行山水为依托，利用现代化声、光、电，实现八路军文化的情景再现。

皇城相府文化景区

皇城相府文化景区位于山西省阳城县北留镇皇城村。其主体是清康熙朝文渊阁大学士、《康熙字典》总阅官、一代名相陈廷敬的宅邸，由内城、外城、紫芸阡、西山院等部分组成，总面积 10 余万平方米。内城"斗筑可居"建于明朝末年，是防御性建筑，层楼叠院、随形生变、错落有致、浑厚坚固。尤其是 7 层百尺高的河山楼及上下 5 层 125 间藏兵洞，更显示出古城堡的神秘。河山楼内有

皇城相府河山楼

井、有水、有碾、有磨，有暗道通往城外，聚甲藏弩，护城佑民，可保万无一失。外城"冢宰第"民间称其为"相府"，建于康熙盛世，陈廷敬入阁拜相后，在其宅第大门加上"大学士第"匾额。其建筑形式为前堂后寝，东书院、西花园，各得其位；闺楼、管家院、望河亭，布局讲究、上下有等，是一处罕见的明清两代城堡式官宦住宅建筑群，被专家誉为"中国北方第一文化巨族之宅"，是国家5A级旅游景区。

皇城相府主人陈廷敬是清康熙朝著名的政治家、文学家、理学家和诗人，一生为官清廉勤慎，文采渊博，著述颇丰，康熙皇帝高度赞扬他"房姚比就韵，李杜并诗豪"，累官至正一品光禄大夫、文渊阁大学士，历任经筵讲官、吏户刑工四部尚书、都察院掌院士、左都御史。明清两代，陈氏家族科甲鼎盛，声名显赫，曾有18人中举人，9人中进士、6人入翰林，有家族诗人33位，是当时北方罕见的文化大族。乾隆皇帝亲书"德积一门九进士，恩荣三世六翰林"楹联，对陈廷敬和陈氏家族的政治建树和文化成就予以高度评价。

"绿树村边合，青山郭外斜"，皇城相府不仅是一幅古代"自然山水画"，更是一座具有强烈人文精神的东方古城堡，是央视大型历史连续剧《康熙王朝》、《契丹英后》的重要外景地。

洪洞大槐树文化景区

洪洞大槐树文化景区位于山西省临汾盆地北端，占地400余亩，是国家4A级旅游景区。园区集名胜古迹、祭祖活动、风景游览为一体，其主体大槐树寻根祭祖园是晋南华夏根祖文化游的龙头、闻名海内外的明代迁民遗址，也是数以亿计的大槐树后裔寻根祭祖的圣地，是移民后裔共同的老家，对于研究中国移民史、家谱、族谱文化乃至华夏文明史具有较高的历史价值及深刻的文化内涵。该景区2005年被山西省政府列为首批非物质文化遗产。据不完全统计，近年来，大槐树旅游景点每年旅游综合收入都在4000万元以上。

祭祖园原有景点16处，主要包括古大槐树处、二三代古槐、石经幢、望亲

大槐树文化景区祭祖园照壁

亭等。为扩大大槐树规模，深入挖掘大槐树根祖文化的深厚底蕴，近几年，大槐树景区严格按照《大槐树寻根祭祖园整体扩建开发规划》开展景区建设，呈现出快速发展的良好态势。景区不断加大开发力度，投资1.3亿元对景区外围进行了环境整治，投资6000余万元的大槐树二期根祖文化广场项目也如期启动。"十二五"期间，大槐树景区将作为临汾市旅游目的地建设的第一批工程，着力发展文化创意产业，将文化融入产业要素中配套开发，形成全要素的特色文化体验，打造全国顶尖、世界知名的"根祖"文化品牌，全力创建国家5A级旅游景区。

黄河壶口文化景区

黄河壶口文化景区位于山西省临汾市吉县境内，是国家地质公园、国家4A级旅游景区。壶口瀑布位于黄河中游晋陕大峡谷中段，是世界上最大的黄色瀑布，也是伟大中华民族的象征。滚滚黄河水至此，300余米宽的洪流骤然被两岸所束缚，上宽下窄，在50米的落差中翻腾倾涌，声势如同从巨大无比的壶中倾出，故名"壶口瀑布"。壶口瀑布水势汹涌，涛声震天，景色壮丽，是黄河最壮观的一段，也是国内外罕见的瀑布奇观。黄河水奔腾怒啸，山鸣谷应，形如巨壶沸腾，听之如万马奔腾，视之如巨龙鼓浪，形成壶口大瀑布中"雷首雨穴"、"万丈龙槽"、"彩桥通天"等种种奇观。景区其他景观还有孟门夜月、龙洞、空中悬壶、冰瀑奇观、十里龙槽、明代码头、同治长城、四铭碑亭、龙门飞渡等。

不观壶口大瀑布，难识黄河真面目。壶口

瀑布是国家重点风景名胜区，入选"中国旅游胜地四十佳"、全国35张王牌景点之一。近年来，为了充分打造黄河壶口景区这一得天独厚的旅游文化品牌，吉县政府依托壶口景区建立黄河壶口文化产业园，制定优惠政策，鼓励文化企业入驻园区，提高了壶口景区的文化内涵。园区总面积约60平方千米，驻园区文化企业8家，包括壶口瀑布景区、克难坡旅游景区以及吉县壶口旅游工艺品开发有限公司等文化公司，主要以壶口瀑布、克难坡文化旅游开发，布老虎、壶口七层剪纸、壶口"醉石·流水砚"、麦秆画、七彩壶口剪纸、原生态唢呐表演、茶具和壶口屏风等为文化产品。2011年，文化园区接待游客86.05万人次，综合收入6.884亿元，其中文化旅游产业产值8600万元，文化旅游净利润1100万元。

奔腾咆哮的黄河壶口瀑布

关帝庙景区

关帝庙文化景区

关帝庙文化旅游景区位于山西省运城市，于2002年5月15日开始修复建设，主要包括关帝祖茔景区、解州关帝祖庙、常平关帝祖祠。"三关"南依中条，北毗盐湖，东靠舜帝庙、西瞻鹳雀楼。解州关帝庙分南北两大部分，南为结义园，北为正庙。正庙分前后两院，前为庙堂，后为寝室，形成了我国传统的"前朝后寝"格局。庙内主体建筑崇宁殿建于北宋徽宗崇宁年间，距今已有近千年历史。殿中供奉身穿龙袍、头戴皇冠、手持笏板的关公像，是既为帝王又为臣子的特殊塑像。殿前四周26根雕龙石柱，皆为一整块石头，其粗其高、造型之美、工艺之精，全国仅有两处，一处是山东曲阜孔庙，一处是解州关帝庙。

春秋楼是关帝庙中最具特色的建筑物，因楼内塑有关羽夜读《春秋》像，故名"春秋楼"。其建筑形式为两层三檐歇山顶，第2层采用"悬梁吊柱"法，用吊柱伸出平座，悬柱26根，是我国古建筑艺术大师的独创之举，目前国内现存的建筑实物仅此一例。

关公形象已成为代表中华民族传统美德的理想偶像，自20世纪90年代以来，运城市委、市政府确定每年的10月18日为关公文化节。近年来，运城关帝庙文化旅游景区不断整合文化资源，奋力完善服务功能，大力创办产业园区，并借助每年一度的关公文化节，把文化旅游与演艺娱乐、学术交流、招商引资相结合，使经济效益连年递增，社会效益遍及全国、风靡海外。

雁门关文化景区

雁门关文化景区位于山西省忻州市代县境内，主景区占地面积30平方公里，主要景点有古道、长城、烽火台、敌楼、关署等。其标志性景点雁门关为明长

雪中雁门关

城重要关隘之一。雁门关景区建设项目总投资3.89亿元，其中景点建设和文物修复投资1.6亿元，包括修复长城1700米，修复明月楼、天险门、地利门、雁塔、敌楼、镇边祠、古道、观音殿等景点。基础设施建设投资7000万元，改造旅游公路20.5公里，治理河道3.5公里。修建了阜戈寨民俗村、边贸街等大型购物、就餐场所，投资1500万元建设了雁门关古建筑博物馆、雁门关兵器博物馆等。通过3年开发建设，已全部完工，景区于2011年8月正式进入旅游市场。2011年全年接待游客11万人次，收入2300万元，比上年同期分别增长近3倍。3年来，景区先后被省旅游局评为"全省十佳旅游景区"之一，被全国旅游景区质量等级评定委员会评定为"AAAA"国家级旅游景区。雁门关修复工程被中国民族建筑研究会、中国文物保护基金会评为"国家文物保护最佳工程"，被著名长城专家成大林先生称为"长城保护修复工程的典范"。

节庆会展异彩纷呈

平遥国际摄影大展

平遥国际摄影大展是我国最早、最权威的国际摄影盛会，是山西最重要的文化节庆活动之一，始创于2001年，至今已连续举办11届。大展完全按照国际规范操作，采用市场化运作方式，使平遥古城这一世界文化遗产与摄影这一现代艺术得到完美结合，走出一条内陆地区发展文化产业、打造文化品牌的路子。第十一届平遥国际摄影大展于2011年9月19日至25日举行。大展主题为"瞬间·永恒"，共有来自42个国家和地区的作品参展（包括阿联酋等首次参展国家），国内展品达到314个，参加大展的院校达到了69所，其中国外院校21所。本届大展突出了摄影艺术的专业性，组委会邀请了6位来自世界各地的年轻策展人共同对学术展"返回原点"进行策展，探讨数字技术时代的摄影如何在新的社会环境中确立自身价值；强调了艺术文化的国际性，首次大规模地展出东欧摄影作品《东欧影像》，英国当代摄影大师蒂姆·弗拉克携作品《动物之灵》参加本次大展，此外还有丹麦摄影师夏洛塔·哈斯朗·克里斯丹森、澳大利亚著名摄影师吉拉德·奥·康纳与马克·瓦塞克的优秀作品参加展览；强调了艺术交流的互动性，组织了"PIP青年影像国际论坛"，以加强中外学生的交流沟通，搭建青年影像交流的国际平台。大展放眼国际更加关注本土摄影师，首次设立了"中国摄影致敬展"，每年推出一位在中国摄影界具有崇高影响力的摄影师，今年推出的是朱宪民摄影作品展。此外，本届大展还特别策划了"纪念建党90周年和辛亥革命100周年"的专题展览、"国企新风貌"专题展览和女摄影家协会专场展览。

平遥以国际摄影大展为平台，充分拓展，全面展现晋商故里世界文化名城的风土人情，策划了盛大的古城迎宾仪式、第三届漆文化艺术节、书画作品展览、晋商社火游古城、古城风情采风、乡村酥梨采摘等一系列活动。大展期间接待中外游客 46 943 人，同比增长 36.55%，实现门票收入 398.73 万元，同比增长 73.52%。与此同时，"第六届平遥古城招商洽谈会"成功举办，签约招商项目 15 个，投资总额达到 117.3 亿元，比前 5 届签约项目的总投资增加 27.48%，这些项目如期达产达效后，每年可实现销售收入 257.4 亿元，利润 26.7 亿元，税金 24.7 亿元。

太原晋商文化艺术周

由中共太原市委、市政府主办的晋商文化艺术周活动从 2008 年开始，每年的 9 月 1 日至 7 日举行，至今已经成功举办了 4 届。艺术周以"艺术的盛会，人民的节日"为主题，本着宣传、展示、交流、服务的宗旨，坚持政府主导、市场运作、社会参与、文化惠民的原则，以传承晋商文化、展示文化成果、惠及民众百姓、打造节庆文化品牌为目的，内容涵盖优秀舞台剧展演、民间文艺表演、新晋商大会、电影惠民周、主题展览等诸多方面，为进一步推动文化大

太原晋商文化艺术周期间演出舞剧《千手观音》

晋商文化艺术周演出剧目单

发展大繁荣，加快由文化大市向文化强市的转变奠定了良好的基础。艺术周举办4年来，荣获了"中国十佳文化节庆"和"全国最佳文化传承奖"等称号。4年来共有晋剧、京剧、话剧、舞剧、豫剧、黄梅戏、越剧、河北梆子、二人台、蒲剧、歌舞杂技等15个剧种36部剧目演出106场，有10万余名观众欣赏到了精彩的演出。民间文艺表演竞相争辉，共有近2000支民间文艺表演队伍参与了艺术周的表演，观众人数达到53万人。文化惠民基层行广受赞誉，组织全市的专业、业余演出团体先后深入军营、企业、农村、工地、社区演出近30场，丰富了人民群众的精神文化生活。各类主题展览丰富多彩，共组织新晋商题材、新太原题材、文化创意产业为主题的美术展、书法展、摄影展、电影展等各类展览17个，观众人数超过24万人。此外，以传承晋商文化为主题的晋商品牌文化发展高峰论坛、新晋商大会暨新产业博览会、中国老电影展映，以及"孝老爱亲"道德模范评选等多种活动，为艺术周增添了新的活力和内涵。新华社、中央电视台、中央电台、《中国文化报》、中国新闻网等50余家国家和省市新闻媒体对艺术周做了深度关注和充分报道，有近千万名受众通过电视、报刊等新闻媒体感受了艺术周的热烈氛围，真正体现了文化惠民、文化乐民、文化亲民。

中国（大同）云冈文化艺术节

中国大同云冈恒山旅游节是由山西省旅游局、大同市人民政府主办的一项大型节庆活动，已被列入国家旅游局重点节庆活动名录。从2000年开始连续举办了8届。第九届更名为"第八届中国民间艺术节暨第九届中国（大同）云冈文化艺术节"。第十届更名为"第十届中国（大同）云冈文化艺术节"。该节已成为大同市传统节庆活动，每年8月18日—8月28日在山西省大同市举办，节庆的主要内容有：大型巡游表演、规模盛大的开幕式晚会、具有浓郁地方特色的民俗表演、大型消夏文艺晚会、精彩纷呈的体育赛事、广场文化活动、美食节、旅游资源展、土特产品展、经贸洽谈会、旅游论坛会、全国百家旅行社联谊会等。

第十届中国（大同）云冈文化艺术节于2011年9月27日—10月3日举办。本届文化艺术节开幕式晚会主题为"天下大同"，晚会邀请了中央电视台著名主持人白岩松、张蕾主持，许多著名艺人参加了晚会的演出。晚会在新完工的南城墙关城演出，演出规模空前，舞美、灯光效果出色，受到来宾和社会各界的好评。

2009年第九届中国大同云冈文化艺术节开幕式场景

云冈乐舞表演

在本届艺术节期间，策划开展2011中国·大同国际雕塑双年展开幕式庆典活动、"曾竹韶雕塑艺术奖学金"优秀作品展学术论坛，邀请了国内著名雕塑家、艺术评论家参加，对提升大同市文化艺术品位，扩大大同城市影响力，提升市民素质起到了积极作用。由当地自主打造，将晋北吹打、耍孩儿、大同数来宝、广灵剪纸等大同地方文化元素悉数囊括的《想亲亲》，宛若一幅浓郁的晋北风情民俗画铺陈开来，在工人文化宫公演7天，吸引了大量游客和市民观看，该剧原汁原味地展现了塞上大同的历史文化，是一次大同本土文化的集中展现。随着大同市古城的逐渐恢复，不少名刹巨观重展雄姿，本届节庆组织了大型佛教晚会，举办了佛教论坛、佛教文化讲座，开展了中国大同云冈石窟建窟1600周年庆典活动、中国人同灵岩寺诸佛菩萨圣佛开光大法会等多项佛事宗教活动，邀请了海内外高僧大德，对扩大大同在国内外的知名度起了很好的作用。另外还安排了7天的优秀戏曲剧节目展演，布置了大型图片展等大型活动，这些活动均吸引了游客和市民的广泛积极参与，受到社会各界的好评。

中国·右玉西口风情生态旅游文化节

中国·右玉西口风情生态旅游文化节是山西优秀文化节庆会展之一，是依托西口文化、通过时尚方式和全新手段展示西口风情、生态的有益尝试。2010年，右玉县成功举办首届中国·右玉西口风情生态旅游文化节，以"西口古道，塞上绿洲"为主题的独具特色的生态健身旅游文化活动，受到新华社、《人民日报》、《光明日报》、中央电视台、旅游卫视、山西卫视、央视网、新浪网等众多国内顶级媒体的关注和报道，极大地提高了右玉的知名度，全面拉动了右玉县的旅游产业发展。2011年8月27日在右玉县隆重举行了第二届中国·右玉西口风情生态旅游文化节暨第四届中国旅游电视周、首届中国西口DV文化节和"玉龙杯"中国速度赛马俱乐部联赛，为期6天的节会规模盛大、内容丰富、特色鲜明，主要活动有第四届中国旅游电视周颁奖与学术研讨《台长论坛——地域文化与电视发展》、首届中国西口DV文化节·短片大赛颁奖活动、"玉龙杯"中国速度赛马俱乐部联赛以及西口文化旅游产品及农副产品展、农家生活乡村体验活动、西口地方小吃展销、西口文化论坛、西口社火展演、西口风情油画摄影和

第二届中国·右玉西口风情生态旅游文化节文艺晚会

右玉"玉龙杯"中国速度赛马俱乐部联赛场景

非物质文化遗产展、中国年俗剪纸大赛颁奖活动、西口物资交流贸易大会、首届自行车车迷节活动、西口地方戏曲展演、西口风情篝火晚会、右玉户外运动装备大展、西口风情周边城市自驾游等。"中国·右玉西口风情生态旅游文化节"的举办，推动右玉旅游业进入发展新阶段。2011年，右玉县接待境内外游客接近90万人次，创历年来的新高，旅游业总产值接近9亿元，生态文化旅游成功变身为右玉县一个新的经济增长点。

中国·五台山国际文化旅游节

中国·五台山首届国际文化旅游节于2011年6月26日到7月26日举行，由文化部、国家旅游局、国家文物局、国家宗教事务局和山西省人民政府共同主办。旅游节以"智慧人生、和谐世界"为主题，按照"政府主导、社会参与、展示文化、促进旅游"的指导思想，深挖文化内涵，提升旅游品位，集中展示五台山源远流长的佛教文化、精美绝伦的古建艺术和神奇秀丽的自然风光，搭建

首届中国五台山国际文化旅游节开幕式盛况

交流平台，扩大对外影响，全面推介世界遗产这一靓丽名片，加强国际佛教文化艺术交流和合作，努力打造"国际、人文、休闲、风光、会展"5个五台山形象，促进忻州市乃至山西省旅游产业的跨越式发展和社会全面进步。文化旅游节共分为开幕式、五台山佛教文化旅游商品促销展示、佛教文化活动、人文艺术会展、招商引资、休闲旅游和闭幕式7大板块。

介休清明寒食文化节

寒食节是为纪念晋国名臣介子推而设，距今已有2600多年的历史；清明节源于寒食节，是中华民族最重要的传统节日之一，2008年被列入全国法定节假日。介休作为国家非物质文化遗产——清明节的发源地，有着深厚的清明寒食文化资源，中国清明（寒食）文化节活动每年4月1日—15日在山西介休绵山已成功举办了 4 届。通过 4 届文化节的"定位"、"造势"、"传承"和"弘扬",清明(寒食)节已越来越成为一个传承历史、倡导文明、荟萃文化、弘扬和培育民族精神的重要载体,越来越成为一场充满乐趣、情趣、雅趣的,吸引更多民众参与的公共艺术活动。4 届中国清明(寒食)文化节期间,《人民日报》、新华社、中央电视台、《光明日报》、《经济日报》、中新社、《中国文化报》、《中国青年报》等中央级媒体和香港《大公报》、《文汇报》等众多海外媒体都在第一时间将各项活动向全球进行滚动报道。由此,介休也被授予"中国寒食清明文化之乡",绵山被授予"中国寒食清明文化研究中心"。

第四届中国介休清明(寒食)文化节文艺演出

八路军文化旅游节

2011 年 8 月 19 日至 21 日,首届八路军文化旅游节在著名革命老区——山西省武乡县举行。此次活动以"弘扬太行精神,传承八路军文化"为主题,主要活动有开幕式暨"太行颂·武乡情"大型文艺演出(中央电视台《激情广场》栏

首届八路军文化旅游节红歌大赛

目），八路军文化园、游击战体验园开园仪式，大型实景演出《太行山》首演，第二届八路军文化研讨会，红色报告会，红色文学作品展，八路军将领展，红色藏品展，太行山名优产品交易会，大型采风——武乡行，红色武乡唱红歌，武乡顶灯等群众性地方文艺活动，红色书画笔会，"微笑武乡"摄影采风，太行山红色旅游推介会等。

八路军文化旅游节是八路军红色文化的盛大展示，集红色文化活动、旅游商贸推介、文化讲座研讨于一体，旨在向全国、全世界全面深入展示山西文化旅游产业特别是红色文化旅游产业的丰硕成果，进一步提升八路军文化的知名度和影响力，打响叫亮八路军文化旅游品牌。武乡县以此次文化旅游节为起点，打造全国最大的八路军文化主题公园，把八路军文化产业培育成县域经济战略性支柱产业，全面引领老区实现转型跨越发展。

中国·晋城太行山国际文化旅游节

2011年6月8日至12日，以"太行风情·活力晋城"为主题，以"一周一节一月一会"为主要内容，包含4大类28项活动的中国（晋城）太行山国际文化旅游节在晋城市举办。旅游节由中共山西省委宣传部、中共晋城市委、晋城市人民政府共同主办，中国棋院、山西省文化厅、省旅游局等单位协办。文化旅游节期间，既有精彩纷呈的文化活动，又有紧张激烈的围棋对弈，既有风光秀美的旅游观光推介，更有商机无限的商贸洽谈。全国38家主流媒体记者对活动进行了报道，50多家知名企业与会，引资额达55.45亿元。泽州县政府与北京优普欧能管理咨询有限公司达成的风能发电项目投资额最大，达到30亿元。

中国晋城太行山国际文化旅游节期间举行的"棋源杯"全国业余围棋赛现场

中国（山西）黄河壶口文化旅游节

2010年9月24日至9月30日，首届中国(山西)黄河壶口文化旅游节在吉县黄河壶口风景名胜区举办，文化旅游节主题为"展黄河风采，扬壶口精神"，内容主要包括举办"魅力吉州"开幕式大型文艺演出活动、"璀璨壶口"文化精品暨特色农产品展销会、"浓浓乡情"地方戏曲精品大展演、全国书画名家邀请展暨"壶口神韵"摄影展、"共赢明天"经济合作洽谈会、"抗日民族统一战线"克难坡纪念馆开馆仪式暨参观壶口风情小镇、克难坡抗战文化研讨会、"秦晋之好"晋陕两省民间文艺大联欢、黄河流域九省区老年书画家壶口笔会等。近140家新闻媒体和新闻网站对活动进行了转播和报道，全国80多家企业参加了项目推介，吉县与16家企业签订了项目合作协议，协议投资总额达167亿元；全省10个地市37个县2400多个品种的特色农产品和文化旅游产品进行了展销。文化旅游节的成功举办，扩大了吉县的知名度。据不完全统计，文化旅游节期间，全国各大网站对吉县的点击率提高了100多倍，活动吸引游客2.3万人，"十一"黄金周期间，壶口旅游火爆，游客人数大增。2011年游客快速增长，共接待游客86.05万人次，同比增长22.8%，综合收入6.884亿元。

首届中国（山西）黄河壶口文化旅游节期间举行的"秦晋之好"晋陕两省民间文艺大联欢演出场景

山西侯马·晋国古都文化节文艺演出场景

山西侯马·晋国古都文化节

侯马，古称新田，是 2500 多年前春秋时期晋国鼎盛时的都城。2003 年，侯马市成功举办了"中国山西侯马·新田春秋古都文化节"，成为当时山西省三大主题节庆活动之一。文化节期间晋南锣鼓大赛、晋学研讨会、山西侯马全国相声小品邀请赛、春秋古都联谊会等活动，大大提高了侯马的对外影响力和知名度，侯马的文化节也因此成为临汾乃至山西的文化品牌。2010 年，文化节正式更名为"山西侯马·晋国古都文化节"，主题为"传承·合作·发展"，推出文艺、文化、经贸等共计 10 项文化活动。既有著名国画大家裴氏后人联袂献技，也有来自 30 多个单位的 90 多位专家教授学者就晋国古都与区域性中心城市发展畅所欲言。中央电视台《寻宝》栏目首次走进侯马，吸引了晋、陕、豫三省共计 1200 余件艺术品"亮相"。古都文化节逐渐成为拉动侯马区域经济增长的新引擎。

中国运城国际关公文化旅游节

中国运城国际关公文化旅游节从 1990 年开始至今已经举办了 22 届，其内容主要包括关帝"金秋大祭"、大型文艺晚会、非物质文化遗产展示暨关公文化产品博览会、关公诚信精神与企业发展论坛、关帝圣像国宝文物展示、纪念关公全球华人征联大赛和招商引资项目洽谈会暨文化旅游产品推介会等。节庆期间，海内外商贾名流来运城考察观光，社会资本和外资落地运城，取得良好的社会效益和经济效益。2011年被国家级媒体评为"全国十大节庆活动"之一，2012年被山西省委宣传部授予"优秀文化节庆会展"。

公共文化服务
GONGGONGWENHUAFUWU

公共文化服务普惠民生

党的十七大以来，山西坚持以重点工程为抓手，以文化设施为载体，以保障群众基本文化权益为着力点,公共文化服务体系建设，呈现出蓬勃发展的良好态势。覆盖城乡的公共文化服务体系基本形成，文化产品的供给丰富多样，较好地满足了广大群众的精神文化需求。公共文化服务的阳光遍洒三晋，普惠民生。

一、统筹规划，合理布局，覆盖城乡的公共文化设施网络日趋完善

山西把文化设施建设纳入头号民生工程"五个全覆盖"，加强领导，严密组织，全力推进。近五年来，累计投入公共文化建设资金1 530 651万元，年均增长近15%。在省里的带动下，各市县纷纷跟进，掀起了一股文化设施建设的高潮，取得了令人瞩目的成就。

公共文化场馆建设取得了新突破。山西大剧院、山西省图书馆新馆、太原美术馆等重大建设项目相继落成。其中，山西大剧院总投资7.9亿元，内设主剧场、音乐厅、演播厅等，可以演出大型歌剧、舞剧、音乐剧等多种舞台剧。山西省图书馆新馆总投资3.5亿元，藏书量由200多万册增加到700多万册，可容纳3000多人同时阅读。在省里的示范带动下，市级公共文化场馆建设呈现出良好的发展势头。太原、朔州、阳泉、吕梁等市相继新建和改扩建了图书馆、文化馆或博物馆。运城市黄河文化博物馆、大同市大剧院、长治市群艺馆新馆等项目也陆续开工建设。县级公共文化场馆建设日臻完善。右玉县文化图书馆、侯马晋国古都博物馆、岢岚县文化中心等30余个文化场馆相继投入使用，完工面积10余万平方米。乡村两级公共文化场所建设进展迅速，基本实现了全覆盖。

山西大剧院

山西省图书馆

阳泉市文化中心

乡镇综合文化站和农家书屋工程，均达到了有阵地、有设施、有人员、有内容的建设目标，使用管理规范有序，日益成为农民群众学习、娱乐的重要阵地。截至目前，山西已有各级各类博物馆、纪念馆131个，公共图书馆126个，群众艺术馆（文化馆）131个，乡镇综合文化站1197个，村级文化活动室28 000个，农家书屋21 192个。

文化信息资源共享工程建设实现了新跨越。山西是文化信息资源共享工程发起省份之一。经过多年建设，山西的文化信息资源共享工程建设取得了阶段性成果。到"十一五"末，建成省级分中心1个，市级支中心6个，县级支中心119个，乡镇基层服务点894个，街道基层服务点81个，社区服务点788个，村级基层站点28 236个，在全省范围实现了全覆盖。山西文化信息资源共享工程分中心，资源总量已达到20TB，先后建起了山西风雅颂地方资源多媒体数据库、山西非物质文化遗产数据库、山西戏曲数据库等七大数据库。传输模式实现了以卫星传输为主，到卫星、地面网络和有线电视等多种传输模式相结合的跨越，极大地提升了服务的质量和水平。

广播影视传播覆盖能力有了新提升。广播影视传播覆盖能力有了新提升。

山西现有广播电视播出机构123座，电视转播发射台439座，调频转播发射台116座，中短波转播发射台15座，卫星地球站1座。广播的综合覆盖率达到93.29%，电视的综合覆盖率达到97.54%。有线网络总长93 258公里，网络用户达424.03万。广播电视村村通工程，已完成对9638个20户以上自然村"盲村"的全覆盖。2011年开始，着手解决20户以下自然村"盲村"的广播电视覆盖问题，经过艰苦努力，完成了1100个该类自然村的覆盖任务。深化农村电影体制改革，稳步推进农村电影放映工程建设。目前，全省共有11个农村数字电影院线公司，1286个放映队，从业人员2500多人。农村电影放映场次年均达到了338 388场，基本实现了一村一月放映一场电影的公益服务目标。

二、创新方式，提升服务，文化惠民活动硕果累累

近年来，按照中央"三下乡"、"四进社区"的总体要求，山西面向基层、面向群众，广泛开展丰富多彩的文化惠民活动，组织大量优秀文化产品，到乡村

长治市举办的"周末大剧院"活动

田野，到城市社区，到工厂矿山，到学校军营，丰富了城乡群众的文化生活，维护了城乡群众的基本文化权益。

深入开展送文化、送欢乐下基层活动。各级政府多方筹措资金，组织文化单位利用重大节假日、农村传统庙会等机会，积极开展送文化、送欢乐下基层活动，把党和政府的温暖送到了群众的心坎上。省文化厅连续5年开展送戏、送书下乡活动，共为基层送戏500余场，送书471 386册。省文联坚持开展送欢乐下基层活动，组织广大文艺工作者开展了"梅花奖艺术团慰问演出"、"电影走进千乡万村"等活动。山西卫视"走进大戏台"送戏下乡活动，广受群众好评。太原市采取"政府买单，群众看戏"的方式，深入开展"文化精品惠民基层行"活动，先后投入近千万元，支持文艺院团和影剧院开展文化惠民活动。长治市多年坚持举办戏曲展演月、周末大剧院等活动，共演出剧（节）目188场，观众人数达24万人。长治电影院免费接纳观众达12万人。

山西卫视"走进大戏台"送戏下乡

积极推进免费开放和流动服务工作。山西先后投入免费开放专项经费2个多亿，推动全省31个博物馆、126

"手牵手·让梦想成真"公益培训活动演出现场

家图书馆、131家文化馆、1197个乡镇文化站向社会免费开放。公益性文化场所的作用得到进一步发挥，观众接待量比免费开放前有了大幅度提高。加强流动文化服务工程建设，先后为10个基层单位配送了"流动舞台车"，为92个县图书馆配送了"流动图书车"。在"两区"县建立流动书库59个，配送图书480万册。为送戏、送书、送电影下乡提供了较好的物质保障，文化下乡活动逐步实现了常态化、高效率。

大力实施文化低保工程。文化低保工程是面向城乡困难群众实施的一项文化惠民工程。晋城市在全省率先开展了本项工作。低保工程实施三年多来，晋城市不断完善文化低保的形式和内涵，千方百计为贫困农村群众、进城务工农民、城乡低保对象等，解决看电影难、看戏难、看书难的问题。先后为537个贫困村和113个革命老区村建设农民书屋260余个，送图书30.9万余册，送电影21 000余场，送戏1600余场；为11.6万最低生活保障对象每人发放面值20元的购书补助；为建筑行业农民工建设26个文化活动室，配备了液晶电视机、DVD机和各种图书。省里对晋城市的经验做了认真总结，并在全省进行了推广，取得了良好效果。

晋城市文化低保工程"走进革命老区"演出活动

三、依托资源，培育品牌，群众文化活动蓬勃开展

近年来，山西省依托丰富的文化资源，着力打造群众文化活动品牌，充分满足广大群众参与文化活动、享受文化娱乐的旺盛需求，树立了良好形象，产生了广泛影响，较好地推动了全省群众文化活动的蓬勃开展。

广场文化活动空前活跃。2002年，山西举办首届广场文化艺术节，至今已连续举办了七届。该节内容丰富，群众参与度高，是城乡群众展示才艺的重要舞台，在群众中有着很大的影响。2010年，该活动荣获全国第十五届"群星奖"项目奖。目前，山西省广场文化艺术节已经成为全省群众文化活动的一个重要品牌，有力地带动了全省广场文化活动的广泛开展。目前，全省共有300余个文化广场，推出了高台花鼓、天塔狮舞、威风锣鼓等一批群众文化活动精品，企业文化、行业文化、校园文化、军营文化等得到了充分展示，为树立山西良好的文化形象、丰富群众文化生活作出了贡献。

示范性公益文化活动广受好评。山西省群众艺术馆组织的"手牵手·让梦想成真"系列公益培训活动，面向进城务工人员子女、下岗职工子女、特困家庭子女以及残障儿童等社会弱势群体，开展书法、音乐、舞蹈、剪纸等培训活动，以极大的爱心、耐心和责任心，把党和政府对他们的关爱传递给孩子们，得到了社会各界的赞誉。山西省图书馆策划举办的"文源讲坛"，自开办以来，组织讲座120余场，受众人数约31万人次，培训人员约10万人次，已经成为山西人心目中的"百家讲坛"。

特色文化活动如火如荼。长治市举办的八音会擂台赛、"星期天文化活动"等，得到了群众的普遍好评。晋中市举办的"中国（晋中）社火节"、"平遥中国年"、"十台大戏闹新春"等活动，影响大，效果好，全市呈现出"天天有演出，周周有活动，日日有主题，常年不断档"的红火景象。大同市举办的春节文化庙会、群艺大舞台、"平城讲坛"、"视频讲座"和"云中沙龙"等活动，阳泉市举办的戏剧票友大赛，忻州市举办的广场文化活动、迎春闹元宵活动、挠

忻州市广场文化活动

羊赛等，也都各具特色，广受群众喜爱。

四、保护传承，创新发展，文化遗产保护工作稳步推进

山西是华夏文明的重要发祥地，文化遗产十分丰富。"十一五"以来，山西的文化遗产保护传承工作稳步推进，取得了积极成果。

文物保护工作迈上了新台阶。文物普查成果丰硕，全省共调查登记不可移动文物53 875处，其中，古遗址13 477处，古墓葬4298处，古建筑28 027处，石窟寺及石刻1112处，近现代重要史迹及代表性建筑6715处，其他246处。文物保护法制体系日臻完善。出台了一系列加强文物保护的政策法规，文物保护工作法制化、规范化程度逐步提高。文物保护专项投入不断加大。"十一五"期间投入文物保护专项经费49 621万元，比"十五"时期增加了33 108万元。重点文物保护工作成效明显。长城资源调查保护等文物保护重点工程稳步推进，平遥古城等三处世界文化遗产地的保护管理得到加强，地下文物的考古发掘、抢救保护工作取得重大进展。博物馆管理水平逐步提升。山西博物院、八路军

山西省图书馆举办的"文源讲坛"

太行纪念馆等3个馆被评为国家一级博物馆，晋祠博物馆等13个馆被评为国家二级博物馆，平遥县博物馆等7个馆被评为国家三级博物馆。文物安全形势逐步好转。广泛开展文物安全"金铠甲"工程达标活动，严格落实文物安全"四级责任制"。增加对文物保护单位安全设施的投入，新建消防设施71处、技防设施17处。依法查处了大同云冈石窟、应县木塔等207件违法案件，有效地遏制了文物违法现象。文化遗产宣传工作有声有色。组织开展了内容丰富、形式多样的遗产日宣传活动，与《山西晚报》联合主办了"探秘山西——文化遗产展示工程"，与山西新闻网联合举办了"山西最美文化遗产"社会公推活动，营造了文物保护的良好氛围。

非物质文化遗产保护工作取得了新进展。深入开展非物质文化遗产普查工作。共搜集线索20.5万条，采录信息8.23万条，发现重大项目135条，采访并登记传承人8.8万人。加强非物质文化遗产名录体系建设。截至目前，山西共有国家级非物质文化遗产名录项目105项、省级项目353项、市级项目557项、县级项目1121项，初步建立了国家、省、市、县四级非物质文化遗产名录体系。不断完善非物质文化遗产传承人保护体系。认定国家级传承人72人、省级614

中共山西省委常委、宣传部长胡苏平，山西省人民政府副省长张平现场体验非遗项目

人、市级 1548 人、县级 3314 人。大力开展非物质文化遗产博物馆、传习所建设。目前，已建成非物质文化遗产博物馆 40 余个、传习所（个人工作室）200余个。深入推动非物质文化遗产生产性保护。现有各类非物质文化遗产生产企业、经营户和作坊 3000 多个，从业人员约 400 万人，涉及非物质文化遗产项目近百个。广泛组织非物质文化展示活动。先后在北京、太原等地举办了山西省稀有小剧种专场展演、山西省非物质文化遗产传统技艺大展等多项宣传展示活动，并组团参加了在北京、浙江、深圳、成都等地举办的非物质文化遗产展览，取得了良好的社会效益和经济效益。

文物保护工作迈上新台阶

山西是华夏文明的重要发祥地，素有"表里山河，人文祖地"之称，被誉为"华夏文明的主题公园"、"中国社会变革和进步的思想库"、"古代东方艺术的博物馆"。山西的文物古迹灿若星辰。现存不可移动文物 53 875 处。其中，国家级重点文物保护单位 271 处，省级文物保护单位 428 处，世界文化遗产 3 处，国家大遗址保护项目 5 处，国家级历史文化名城 6 座、历史文化名镇 7 个、历史文化名村 23 个。山西馆藏文物总量达 1 212 017 件，其中，珍贵文物 73 276 件。文物保护的任务十分繁重。"十一五"以来，在省委、省政府的高度重视下，山西的文物保护工作紧紧围绕融入社会、服务大局、惠及民生、促进发展的方针，坚持保护、利用、传承、发展并重的原则，努力破解文物保护的难题，积极探索文物保护的新路子，初步形成了文物保护与经济社会和谐共融、互利双赢的新局面。

八路军太行纪念馆

太原市博物馆

　　文物保护工作基础不断夯实。文物法规体系日趋完善。山西省人大常委会先后批准4部文物保护方面的地方性法规,各级政府相继出台一系列加强文物保护的规范性文件。文物工作"五纳入"取得新进展。11个市全部成立了文物行政机构,80个县(市、区)设有文物局或文物旅游局,全省各级文博管理机构达到250个。中央和省级财政共投入文物保护专项经费49 621万元,博物馆、纪念馆免费开放专项经费7296万元。市、县两级文物保护专项经费达到4000多万元。队伍建设与科研工作有了新加强。全省文物系统从业人员达到6072人,其中专业技术人员1572人,包括正高职称33人,副高职称173人,研究生66人。开展各类培训3200人次,人才队伍素质有了提升,一批重点研究课题和重大研究项目有了新突破。

　　文物抢救保护工作成效明显。重点工程文物保护有序开展。共完成考古勘探发掘项目259项,勘探总面积3426.46平方米;发现古遗址324处、古墓葬2669座;发掘古遗址41处、古墓葬1642座,发掘总面积12.6万平方米,出土各类文物42 033件(套)。课题考古发掘取得重要收获。吉县柿子滩旧石器时代遗址群、晋阳古城遗址等，取得了阶段性考古成果。柳林高红商代遗址入选2006年度"中国十大考古新发现"，翼城县大河口西周墓地入选2010年度"中国十大考古新发现"。重大文物保护工程扎实推进。投入2.84亿元，分别对249处各级文物保护单位实施了重点维修或抢险维修。南部早期建筑、世界文化遗产（平遥古城、云冈石窟、五台山）、佛光寺东大殿、应县木塔和古代长城等重点保护工程稳步推进。大遗址保护迈开了步伐。晋阳古城国家考古遗址公园、王家峰北齐徐显秀墓、陶寺遗址、蒲津渡与蒲州古城遗址、曲村—天马遗址等大遗址的总体保护规划已经国家文物局立项或批复。

博物馆建设和管理势头良好。博物馆建设不断推进。朔州、阳泉、运城3市博物馆主体工程已完工，太原、临汾、大同3市新博物馆建设已经开工，晋绥边区革命纪念馆新馆建成并开始陈列布展，曲沃晋国博物馆、沁县牺盟会决死队纪念馆等县级特色博物馆建设稳步推进。到目前为止，全省各级各类博物馆、纪念馆达到了131个。管理水平逐步提升。山西博物院、八路军太行纪念馆等3个

侯马市庙寝遗址公园

朔州市博物馆

馆被评为国家一级博物馆，晋祠博物馆等13个馆被评为国家二级博物馆，平遥县博物馆等7个馆被评为国家三级博物馆。新建23个县级文物库房，改善了县级文物藏品的保管条件。社会效益不断增强。全省共有31个博物馆、纪念馆实行免费开放，接待观众达950余万人次。全省各级各类博物馆举办展览1400余个，山西博物院基本陈列《晋魂》荣获第七届全国博物馆陈列展览十大精品奖，八路军太行纪念馆基本陈列《八路军抗战简史陈列》荣获特别奖。博物馆进社区、进校园等活动持续开展。

文物安全形势有了好转。文物安全设施得到加强。投入5322万元用于安全基础设施建设，新建消防设施71处、技防设施17处。实施文物安全"四级责任制"，不断推进文物安全"金铠甲"工程达标活动。依法行政工作逐步规范。经省政府确认公布了18项行政许可项目，制定了许可程序和监督制度，建立了行政许可服务窗口。行政执法力度不断加大。多次组织开展《中华人民共和国文物保护法》执法情况检查，积极与公安部门联合开展打击文物犯罪专项行动，并在全国率先启动了全国重点文物保护单位与公安部门联网一键报警工程。依法查处了大同云冈石窟、应县木塔等207件违法案件，遏制了文物违法现象。

文物保护社会氛围日趋浓厚。山西省委带头将文化遗产保护纳入中心组学习内容。以文化遗产日为龙头，在全省组织开展声势浩大的造势宣传。同山西电视台联合拍摄《大遗址保护工程：历史文化旅游的新"地标"》，并组织"发现之旅"采访报道。同《山西晚报》联合开设《寻找湮没的历史》专栏等。启动了文化遗产展示工程，与《山西晚报》联合主办了"探秘山西——文化遗产展示工程"，与山西新闻网联合举办了"山西最美文化遗产"社会公推活动，营造了文物保护的良好氛围，加快了文物保护的社会化进程。大力开发丰厚的文物资源。博物馆、遗产地已经成为各地的重要窗口，并成为社会公众观光旅游的

魅力山西——"盛唐古建"三晋探秘之旅启动仪式

青年学生在八路军太行纪念馆重温入团誓词

目的地，带动了当地经济社会发展，改善了民众的生活水平。"十一五"期间，全省对外开放文博单位的游客 1 亿多人次，仅门票收入就达 16.7 亿元。文物事业对经济社会发展的拉动力越来越大，在促进发展、惠及民生方面迈出了坚实的步伐。

非物质文化遗产保护工作
取得新进展

　　山西的非物质文化遗产形式多样，内容丰富，特色鲜明，为世人所瞩目。"十一五"以来，在省委、省政府的大力支持下，山西的非物质文化遗产保护工作稳步推进，取得了积极成果。

　　非物质文化遗产普查成果丰硕。积极动员社会力量广泛参与非物质文化遗产普查工作，共搜集线索20.5万条，采录信息8.23万条，发现重大项目135条，采访并登记了传承人8.8万人，拍摄照片21.3万张，拍摄视频资料3091小时，录制音频资料3366小时，比较全面地掌握了各地非物质文化遗产的种类、数量、分布情况、生存环境和保护现状等。

　　非物质文化遗产名录体系建设取得重要进展。截至目前，山西共有国家级非物质文化遗产名录项目105项，涉及保护单位145个；省级项目353项，涉及保护单

非物质文化遗产项目展示

孝义皮影

位603个；市级项目557项，县级项目1121项。初步建立了国家、省、市、县四级非物质文化遗产名录体系。

非物质文化遗产传承人保护体系建设卓有成效。目前，山西共有国家级传承人72人，省级614人，市级1548人，县级3314人。对已经认定公布的代表性传承人，省里采取提供必要场所、组织开展传播、保护代表性作品、拍摄传统技艺、发放养老金或生活补贴等多种方式，对他们的传习活动予以支持。

国家级文化生态保护区建设获得重要突破。2010年6月，文化部批复同意在山西设立晋中文化生态保护实验区，标志着山西非物质文化遗产进入整体、活态保护的新阶段。

非物质文化遗产展示和传习基地建设有力推进。目前山西共有非物质文化遗产博物馆40余个、传习所（个人的工作室）200余个。并先后公布了首批15个民族传统节日保护示范地，命名了10个省级非物质文化遗产专题博物馆、8

个省级非物质文化遗产传习所和 3 个大师工作室。

非物质文化遗产生产性保护成效明显。山西现有各类非物质文化遗产生产企业、经营户和作坊 3000 多个，从业人员约 400 万人，涉及非物质文化遗产项目近百个。既促进了当地经济社会发展，扩大了就业，又保护和传承了非物质文化遗产项目。

非物质文化遗产保护深入人心。充分利用"文化遗产日"和各种展示平台，大力推介非物质文化遗产项目，营造了非物质文化遗产保护的浓厚氛围。先后在北京、太原等地举办了山西省稀有小剧种专场展演、山西省非物质文化遗产传统技艺大展等多项宣传展示活动，并组团参加了在北京、浙江、深圳、成都等地举办的非物质文化遗产展览。非物质文化遗产保护工作体系初步形成，省、市两级相继建立了非物质文化遗产保护机构。

非物质文化遗产项目展演

文化信息资源共享工程建设
实现大跨越

山西是文化信息资源共享工程发起省份之一。经过多年建设，山西的文化信息资源共享工程实现了"一覆盖，五跨越"，取得了阶段性成果。

网络建设实现了全覆盖。山西已建成省级分中心1个、市级支中心6个、县级支中心119个、乡镇基层服务点894个、街道基层服务点81个、社区服务点788个、村级基层站点28 236个，在全省范围实现了全覆盖。

资源建设实现了大跨越。省级分中心先后建起了山西风雅颂地方资源多媒

山西省文化信息资源共享工程知识与技能竞赛

曲沃县图书馆电子阅览室

体数据库、山西非物质文化遗产数据库、山西戏曲数据库、一方水土数据库、文源讲坛数据库、赵树理数据库和全文数据库等7大数据库，资源总量达到20TB，其中自建资源3TB，资源建设的能力和质量实现了大的跨越。

传输模式实现了大跨越。资源传输采取地面网络、机顶盒＋宽带（IPTV）、有线电视、卫星、政务外网和硬盘（光盘）拷贝下发等多种方式，提高了传输效率，节约了管理成本，扩大了服务层面，传输模式实现了大的跨越。

技术培训实现了大跨越。文化信息资源共享工程技术含量高，业务性强。为此，省级分中心拿出专门经费，采取集中培训、技术服务、经验交流、现场授课、远程教育等多种方式，先后对各级各类工作人员开展了大规模的培训，共计90余万人次。培训工作实现了大的跨越，队伍素质有了大的提升。

服务效果实现了大跨越。文化信息资源共享工程的公益性服务，逐步向标准化、规模化迈进，得到广大基层群众的热烈欢迎。各中心站点利用文化信息

基层服务点开展宣传活动

资源共享工程配发的设备、资源，开展多种多样的阵地服务和延伸服务，很大程度上解决了农民看书难、看电影难、看戏难的问题。各基层图书馆为群众提供了新颖健康的生活方式和工作方式，使他们享受到优秀文化、先进科技和实用信息带来的快乐和实惠。

基层图书馆实现了大跨越。文化信息资源共享工程的实施，使图书馆服务网点分布更科学，文献资源配置更趋合理，大大提高了全省各级各类图书馆业务标准化、规范化水平。曾一度处于瘫痪状态的部分基层图书馆，利用文化信息资源共享工程的软硬件资源开展活动，得到政府重视、财政支持，焕发出新的活力。

广播电视村村通工程
基本实现全覆盖

广播电视村村通工程是党中央、国务院面向农村实施的一项重大惠民工程。从1998年起，山西采取逐步推进的方式，分三个阶段，圆满完成了广播电视村村通工程的建设任务，基本实现了广大农村的全覆盖，有效地解决了农民群众收听收看广播电视难的问题。为农村的改革、农业的发展、农民的致富，作出了积极的贡献。

1998年至2003年，完成了已通电行政村"盲村"的广播

村村通工程施工现场

电视覆盖。采用村级电视收看室、小功率电视转播台、小片有线电视网、个体卫星接收等覆盖方式，解决了7707个行政村约358万农村群众听广播、看电视难的问题。

2004年至2005年，完成了50户以上已通电自然村"盲村"的广播电视覆盖。采用小片有线电视网、无线接收、有线光缆联网、MMDS等覆盖方式，解决了1639个50户以上已通电自然村约32万农村群众听广播、看电视难的问题。

2006年至2010年，完成了20户以上已通电自然村"盲村"的广播电视全覆盖。采用直播卫星、有线光缆联网、MMDS等覆盖方式，解决了9638个20户以上自然村约120万农村群众听广播、看电视难的问题。2011年开始，着手解决20户以下已通电自然村"盲村"的广播电视覆盖问题，经过艰苦努力，完成了1100个该类自然村的覆盖任务。

与此同时，山西大力推动广播电视无线覆盖工程建设，累计投入4.1亿元建

阳曲县施工人员送设备到农户家中

垣曲县农户收看村村通电视节目

设资金和7840.21万元运行维护经费，对转播中央电视台第一套、第七套节目和中央人民广播电台第一套节目的203部发射机，进行了更新改造和运行维护。

村村通工程的实施，大大提高了山西广播电视的综合覆盖率和农村群众收听收看广播电视节目的质量。全省的广播、电视综合覆盖率分别从工程实施前的68%和84.6%，提高到2010年的93.29%和97.54%。中央人民广播电台第一套节目、中央电视台第一套、第七套节目的无线覆盖率，分别提高到90%、88%和60%，覆盖人口分别达到3000万、2950万和2000万。

农村电影放映工程稳步推进

　　农村电影放映工程是党和国家关心农民、服务农民的惠民工程。从2001年开始，山西加强领导，加大投入，完善政策，按照"市场运作，企业经营，政府购买、群众受惠"的总体思路，深化农村电影体制改革，积极培育发展多种所有制形式的农村电影院线公司和农村电影放映队，稳步推进农村电影放映工程建设，基本实现了一村一月放映一场电影的公益服务目标，受到广大农民群众的欢迎和好评。

　　目前，山西共有11个农村数字电影院线公司，放映队1286个，从业人员2500多人。基本形成了以地市为龙头，县、乡、村为基础，政府扶持和市场服务相协调的新型农村电影放映运行模式。国家先后资助我省农村数字电影放映机1000多台，流动电影放映车100多辆，为农村电影放映工程的实施提供了有

山西省农村公益电影流动放映车发放暨"颂党情，系三农"公益放映活动启动仪式

武乡县"红色电影展映月"活动

力的技术支持和物质保障。从2010年起，根据工程建设的实际需要，国家提高了农村电影放映场次的补贴标准，即从每场补贴100元提高到每场补贴200元。其中，国家补贴100元，省级补贴40元，市县各补贴30元。按照中央要求，山西积极落实配套资金，每年各级政府仅放映补贴一项就投入6767万元，较好地调动了放映单位的积极性。农村电影放映场次年均达到338 388场，基本实现了一村一月放映一场电影的公益服务目标。

晋城市电影放映员的风采

农家书屋工程建设成效明显

　　农家书屋工程对于缩小城乡文化发展差距，提升农村公共文化服务水平，具有重要作用。山西对农家书屋工程建设高度重视，从2007年工程启动以来，不断加大工作力度，取得了明显成效。

农家书屋的开心一刻

　　突出"五个注重"，完善工作机制。注重组织领导。省、市、县三级政府普遍建立了农家书屋工程建设领导机构，形成了良好的工作机制。注重规划引领。编制了《山西省农家书屋工程建设规划》。注重上下联动。确立了"省级统筹规

农民的好去处

划、市级跟进实施、县级跟踪落实"的三级联动机制。注重明确责任。将年度建设任务合理规划，逐层分解，责任到人。注重量化考评。在签订责任状的基础上，制定了对各市量化考核的办法。

　　严格建设标准，确保建设质量。省里明确规定，农家书屋的面积应在30平方米以上，场地按照统一式样布置，有专门的书架、书柜和看书桌椅。每个书屋配备图书不少于1500册，报刊不少于30种，音像制品不少于100种（张）。每天开门时间不少于6小时。按照这一建设标准，省、市两级及时落实配套资金，严格采购流程，加强对在建工程的监督检查，确保了农家书屋的建设质量。

　　加快建设进度，实现建设目标。截至目

农家书屋管理员

农民的好去处

前，全省累计完成投资 36 020.44 万元，共建成农家书屋 21 192 个，已覆盖全省 75% 的行政村。阳泉、晋城、忻州三市率先实现市域全覆盖，太原市迎泽区、长治市平顺县、临汾的侯马市等 62 个县（市、区）实现了县域全覆盖。全省国定贫困县 9285 个行政村中，有 8366 个行政村建设了农家书屋，圆满完成了阶段性建设目标。

强化管理引导，促进长效发展。明确了农家书屋的财产主体、管理维护的实施主体和责任主体，确保农家书屋资产不流失。在全省农家书屋推广实施了《农家书屋管理暂行办法》、《农家书屋管理员岗位职责》等管理制度。逐步解决了书屋管理员的待遇，对管理员进行了培训，比较好地稳定了管理员队伍。

明确功能定位，提高使用效益。省里明确要求，农家书屋要切实发挥作用，努力实现"三性"、"三台"的使用目标。即突出教育性，把农家书屋办成村里的"讲台"，传授各类农业技术知识；突出信息性，把农家书屋办成村里的"平台"，汇聚各类生活服务信息；突出娱乐性，把农家书屋办成村里的"戏台"，丰富农民文化娱乐生活。

乡镇综合文化站建设成果喜人

　　"十一五"以来，山西高度重视乡镇综合文化站建设。成立专门领导机构，出台《山西省乡镇综合文化站建设实施方案》，加大资金投入力度，取得了明显成效。较好地满足了基层群众开展文化娱乐活动的需要，丰富了群众的精神文化生活。目前，全省共建成乡镇综合文化站1197个，基本实现了乡镇综合文化站的全覆盖。

　　加强组织领导。省、市、县三级政府分别成立专门机构，负责协调解决工程建设中的重大问题。建立分工负责的工作机制，明确各有关部门的职责任务。建立资金投入保障机制，通过中央国债扶持资金、省级"两区"文化建设资金、省级煤炭可持续发展基金和市级配套建设资金等多种渠道，足额解决乡镇综合文化站的建设资金和设备配套资金，资金到位率达到100%，实际完成投资达5亿余元。

　　左权县寒王乡综合文化站

运城市发放农村文化活动设施

提出明确的建设标准和功能标准。开展严格的检查验收，确保工程的建设质量和使用效益。新建的乡镇综合文化站基本达到了有阵地，建筑面积不低于300平方米；有设施，配备基本的设施设备和文化活动器材；有人员，配备文化站长和专职文化辅导员；有内容，经常组织开展富有地域特色、群众广泛参与的文化活动。较好地实现了党和政府的方针政策直接到基层，文化信息直接送农民，科技、卫生、法律知识直接进农村的建设目标。

"十二五"期间，山西将大力实施"百县强基工程"和"万村千乡公益文化建设工程"，进一步充实文化内容，面向基层开展公益文化配送和"文化下乡"活动，实现公共文化服务的广覆盖和高效能。

五台县东冶镇综合文化站组织开展文化活动

文化惠民活动深入扎实

　　近年来，山西省面向基层、面向群众，广泛开展丰富多彩的文化惠民活动，组织大量优秀文化产品，到乡村田野，到城市社区，到工厂矿山，到学校军营，极大地丰富了城乡群众的文化生活，有力地提升了城乡群众的生活质量。

　　积极推进免费开放和流动服务工作。省里先后投入免费开放专项经费2个多亿，推动全省31个博物馆、126家图书馆、131家文化馆、1197个乡镇文化站向社会免费开放。公益性文化场所的作用得到进一步发挥，观众接待量比免费开放前有了大幅度提高。加强流动文化服务工程建设，先后为10个基层单位配送了"流动舞台车"，为92个县图书馆配送了"流动图书车"，在"两区"县建立流动书库59个，配送图书480万册。

　　深入开展送文化、送欢乐下基层活动。各级政府多方筹措资金，组织文化

"在太行山上"大型群众歌咏演唱活动

太原市"文化精品惠民基层行"慰问演出

　　单位利用重大节假日、农村传统庙会等机会，积极开展送文化、送欢乐下基层活动，把党和政府的温暖送到了群众的心坎上。省文化厅连续5年开展送戏、送书下乡活动，共为基层送戏800余场，送书471 386册。省文联坚持开展送欢乐下基层活动，组织广大文艺工作者深入开展了"梅花奖艺术团慰问演出"，"电影走进千乡万村"，"聚焦新农村、文艺为农民"等活动。太原市的文化精品惠民基层行活动，采取"政府买单，群众看戏"的方式，先后投入近千万元，支持文艺院团和影剧院开展文化惠民活动。长治市多年坚持举办戏曲展演月、周末大剧院等活动，共演出剧（节）目188场，观众人数达24万人。长治电影院免费接纳观众达12万人。

摄影家深入贫困山村为农户拍照

　　大力实施文化低保工程。文化低保工程是面向城乡困难群众实施的一项文化惠民工程。晋城市在全省率先开展了本项工作。低保工程实施三年多来，晋城市先后为 537 个贫困村和 113 个革命老区村建设农民书屋 260 余个，送图书 30.9 万余册，送电影 21 000 余场，送戏 1600 余场；为 11.6 万最低生活保障对象每人发放面值 20 元的购书补助；为建筑行业农民工建立了 26 个文化活动室，配备了液晶电视机、DVD 机和各种图书。省里对晋城市的经验做了认真总结，并在全省进行推广，取得了良好的效果。

　　着力打造示范性群众文化品牌。近年来，山西省着力打造示范性群众文化品牌，充分吸引和调动广大群众参与文化活动的积极性，产生了广泛影响，树立了良好形象，惠及了千家万户。中国（晋中）社火节、平遥中国年、山西省广场文化艺术节等一批节庆活动，"文源讲坛"、"手牵手·让梦想成真"等一批教育培训活动，"群星奖"比赛、"三民调演"、八音会擂台赛、挠羊赛等一批赛事，深受群众欢迎和喜爱。

吕梁市红红火火的群众文化活动

文化产品集萃

WENHUACHANPINJICUI

文化沃土硕果满园

认真实施文化强省战略，推动文化的大发展大繁荣是山西贯彻落实科学发展观、实现转型跨越发展的关键举措。通过全省上下的共同努力，山西优秀的精神文化产品不断涌现，初步呈现出持续繁荣的发展态势。

一、坚持正确的创作方向

山西的文艺创作有着热切关注社会现实、积极承担社会责任的良好传统。省委、省政府号召广大文艺工作者要自觉坚持"为人民服务、为社会主义服务"的方向和"百花齐放、百家争鸣"的方针，紧密结合山西实际，努力表现人民群众创造美好生活的奋斗历程和精神追求，认真解决好思想性、艺术性、观赏性统一的问题，解决好社会效益与经济效益统一的问题；解决好挖掘历史底蕴与反映时代精神相统一的问题，努力将社会主义核心价值体系贯穿于文化产品创造生产的全过程和各方面，坚持以正确的价值观念、高超的艺术技艺、绚丽的表现手法来反映人民群众的生动实践，创作生产更多更好的具有山西特色、中国气派、国际水准的文化产品。

二、制定有效的政策规划

2003年8月，山西正式出台了《山西省建设文化强省发展规划纲要》（2003—2010年），明确了发展目标、主要任务和工作重点。在此基础上，先后编制了山西省"十一五"时期、"十二五"时期文化发展规划纲要，要求要大力实施文化精品创作工程。2009年，出台了《山西省文化产业发展规划纲要》（2009—

2015 年）；2010 年，山西省委宣传部印发了《关于进一步繁荣文艺创作的意见》；2011 年，中共山西省委、山西省人民政府出台了《关于深入贯彻党的十七届六中全会〈决定〉加快建设文化强省的实施意见》。这一系列政策为山西的文化建设注入了动力，增强了活力，鼓舞了信心，提供了保障。同时，根据不同时期的工作重点，制定阶段性文艺创作规划，针对各地各单位上报的创作项目进行研究论证，确定一定时期内的创作重点，对重点项目进行跟踪指导。设立重点文艺创作扶持资金，每年对省级重点创作项目在资金方面予以扶持资助。设立赵树理文学奖、舞台艺术"杏花奖"，通过抓山西省精神文明建设"五个一工程"，带动全省的创作，对产生重大影响的优秀作品与文艺人才进行表彰，激发了广大文艺工作者的创作热情。

三、深入火热的现实生活

人民创造历史的生动实践是文艺创作的丰厚土壤和源头活水。近年来，山西积极支持和鼓励文艺工作者深入生活，为优秀作品的创作打下了坚实的基础。一是组织开展各种采风活动，让文艺工作者深入山西转型跨越发展的火热现实生活之中，特别是近年来山西一系列重大项目、重点工作如新农村建设、煤炭资源整合、大水网建设、高速公路及铁路建设、创业园区等，了解山西的发展变化，了解人民群众的所思所想，所作所为。二是创建各类创作基地，为文艺工作者走向基层、深入生活、开展创作创造条件，提供方便。三是采取蹲点、挂职等方式，组织有选题、有想法、有潜力的文艺工作者集中一段时间直接参与到现实生活的相关工作之中。通过深入生活，正确把握中国的发展进步，感受人民群众追求幸福生活的热情，保持与社会生活的密切联系，在时代进步的伟大实践中发现题材、主题和人物，激发创作灵感。与此同时，通过深入生活，让文艺工作者对山西丰富的文化资源有进一步的体悟认识，增强文艺工作者的文化自信心与文化责任感，推动把文化资源转化为创作资源，把资源优势转化为产品优势。

四、努力整合优势的资源

要出优秀的文艺作品，必须高起点策划、高起点运作，整合优势的创作资源。一是对重大项目请山西有相应艺术修养与社会影响力的文艺工作者担纲。如屡屡获奖的报告文学《晋人援蜀记》、《王家岭大救援》等就是由省委宣传部组织赵瑜等作家深入救灾现场创作的。二是聘请国内某一艺术领域具有标志性意义的领军人物参与到重点项目的创作中，通过他们的帮助提升作品的艺术水准。三是与具有较大社会影响的艺术机构合作进行创作生产。中央电视台、国家话剧院、国家京剧院、解放军艺术学院、国家大剧院等都与山西进行了密切的合作，推出了一批优秀的作品。在人才的使用上，一方面努力培养本地的优秀人才，为他们的成长创造条件，另一方面制定吸引人才的政策，发挥市场机制的作用，在更广的范围内广纳贤才。在资金的使用上，出台相关的政策，加强与社会力量的合作，发挥政府调控的作用，吸纳社会资本进入文化领域。通过努力，使优质资源得到整合。

五、加强优秀作品的推介

优秀的作品要产生积极的社会影响，必须走向更加广阔的市场，与广大文化消费者见面。因此，对作品的宣传、推介、营销非常重要。一是支持鼓励优秀作品积极参与省内外、国内外的文化展示、评比、交流活动，通过活动扩大影响。二是组织各种文化活动到省外、国外进行交流。如"华夏文明看山西"经济文化周、庆祝新中国成立60周年进京展演等，使更多的人了解了山西的作品。三是召开新闻发布会、作品研讨会等扩大作品的社会效应。四是采取多种方式开展营销活动。如与有关政府部门、企业等合作，委托文化经纪机构代理，在旅游景点驻地演出等。话剧《立秋》从2004年4月首演至今一共演出600余场，票房收入2000余万元。舞剧《一把酸枣》演出850余场，票房收入5000余万元。大型说唱剧《解放》自2009年9月以来，已在全国17个省份49个城市演出了

250余场，票房收入1200余万元。蒲剧《山村母亲》已演出1000余场。

六、推动工艺美术的壮大

山西的民间艺术丰富多彩，弥足珍贵。努力把这些宝贵的文化资源转化为文化的发展动力是文化繁荣发展的重要内容。首先是加大非物质文化遗产的保护力度，先后建立40余处非物质文化遗产博物馆、200余个传习所（个人工作室）；确定国家级传承人72名、省级传承人614名；9个高校开设与工艺美术相关的专业。其次是加强政策支持力度。设立省一级传统工艺美术保护发展资金，先后支持了120余个项目的发展。制定了国家级重大展会"以奖代补"政策。三是推动工艺美术的产业化、规模化发展。成立省工艺美术馆，搭建了省一级交流展示平台；推动传统手工生产向机械化生产转化、分散的小作坊生产向规模化生产转化，与中国工艺美术集团公司合作组建山西工艺美术有限责任公司，努力打造山西工艺美术的龙头企业。山西宇达集团、中国广灵剪纸文化产业园等发展势头强劲。同时，加大力度整合资源，推进晋中文化生态保护区的建设。

通过努力，近年来一批优秀作品受到消费者的广泛欢迎，在国内外各类评奖活动中得到了肯定。其中，1人获茅盾文学奖，5人获鲁迅文学奖，7人获庄重文文学奖，44人次获戏剧梅花奖，3人获戏剧梅花奖"二度梅"殊荣，有6部戏剧作品成为国家舞台艺术精品工程剧目，多次获中宣部精神文明建设"五个一工程"组织奖，以及文华奖、华表奖、百花奖、金鸡奖、金鹰奖、飞天奖、中国图书奖、中华优秀出版物奖、国家级工艺美术大师精品"百花杯"金奖等国家级奖项及国际奖项。

进入新世纪以来，山西的文艺创作与文化产品的生产取得了积极的成效。文化体制改革激发了发展活力，文艺园地繁花似锦，文化产品琳琅满目。山西的文化魅力进一步显现，文化影响力进一步增强。

流光溢彩的文艺作品

话剧《立秋》

山西省话剧院创作演出。讲述的是明清时期称雄中国商界数百年的晋商由盛而衰的故事。立秋这天，晋商丰德票号按照传统进行祭祖活动，各地分号经理齐聚总部议事。时局的动荡造成各分号经营状况的窘迫，使得这个立秋之日寒意逼人，一场思想观念的冲突、发展前途的选择、家庭情感的纷争不可避免地上演了。

话剧《立秋》剧照

话剧《立秋》剧照

在这大厦将倾之际,代表晋商群体中一个缩影的丰德票号,舍弃了所有祖产家业,坚守了诚信的经营理念。

《立秋》通过一个家族在一天里经历的一场特殊事件,展现了晋商勤奋、敬业、谨慎、诚信的思想精髓。贯穿全剧的"天地生人,有一人应有一人之业;人生在世,生一日当尽一日之勤"这段丰德票号祖训,正是晋商创业奋斗的精神支柱,是晋商功成名就的动力源泉,也是中华民族不畏艰险、自强不息民族精神的生动写照。《立秋》的核心之处在于反思衰落,启迪人们思考居安思危、顺势而为、改革创新意识的重要性。

编剧:姚宝瑄、卫中;导演:陈颙;继任导演:查明哲;舞美设计:毛金钢;灯光设计:卢卫东;作曲:王晓刚。

从2004年4月27日首演至2011年10月26日的第600场演出,《立秋》走遍祖国大江南北、海峡两岸,走进了99个城市。16次进京,5进国家大剧院,观众60余万人次,20多位党和国家领导人先后观看,胡锦涛总书记观看《立秋》后给予充分肯定。该剧获得了戏剧界国家级所有重大奖项的"大满贯",创下了中国话剧演出的奇迹。

2007年获"2005—2006年度国家舞台艺术精品工程十大精品剧目"、中宣部第十届精神文明建设"五个一工程奖"特等戏剧奖、文化部第八届中国艺术节第十二届"文华大奖"和"观众最喜爱剧目奖"。

话剧《立春》

山西省话剧院创作演出。全国植树造林模范余晓兰，一个普通的农村妇女，随丈夫从云南来到山西右玉，承包了4000亩荒山和30亩乱石滩，年复一年，共绿化荒山1万多亩。《立春》以余晓兰等植树造林模范为原型，讲述了右玉人民在恶劣的自然环境下艰难地植树造林，编织绿带锁黄龙的故事。

《立春》从小人物着手体现大事件，再现了右玉人民几十年坚持不懈战风斗沙，把一个风沙肆虐的不毛之地改造成一个天然生态调节器和绿色氧吧的奋斗历程。《立春》讴歌的是右玉县18届县委一张蓝图绘到底、60年绿化接力、"把政绩刻在大地上"的执政理念，是人民群众爱家乡、建家乡的热情，诠释了百折不挠、久久为功的奋斗精神，增强了全社会关注、参与改善生态环境的责任意识。

编剧：李宝群；导演：查明哲；舞美设计：罗江涛；灯光设计：邢辛；作曲：王晓刚。

经过两年的艰苦创作，2012年1月9日进行了首场演出。

话剧《立春》剧照

舞剧《一把酸枣》

山西艺术职业学院创作演出。讲述的是清末民初生活在深宅大院、桎梏于传统礼教束缚下的一对青年男女凄美的爱情故事。美丽善良的姑娘酸枣，与勤劳聪明的小伙计真诚相爱，用一把酸枣私定终身。他们抗争，并试图改变命运。然而，一个装满象征爱情的酸枣荷包，却被管家偷放了毒药。茫茫西口古道上，酿就了一对生死恋人的千古绝唱。

《一把酸枣》用精巧的舞蹈编排和千姿百态的肢体语言，讲述了一段通俗易懂、清晰流畅的无字爱情故事。该剧具有鲜明的民族特性，重檐豪门的深宅大院、厚重凝沉的古堡城墙、荒蛮苍凉的古道驼队，民歌、民舞、服饰、音乐，都体现了明清时期汉民族文化中的特征。这些场景呈现在舞台上，给观众的冲击力、感染力、震撼力很强。更重要的是，该剧体现了一种探索的精神，一种创

舞剧《一把酸枣》剧照

舞剧《一把酸枣》剧照

新的精神，一种开拓的精神。

编剧、导演：张继钢；舞美设计：龙华、王瑞国；灯光设计：王瑞国；音乐：方鸣；服装设计：宋立。

2007年获"2005—2006年度国家舞台艺术精品工程十大精品剧目"，中宣部第十届精神文明建设"五个一工程"优秀戏剧奖，文化部"第十二届文华奖"文华剧目奖、文华编导奖、文华音乐创作奖、文华舞台美术（舞美设计）奖、文华表演奖。

《一把酸枣》自2004年12月首演以来，已演出850余场，观众人数近百万。舞遍了大江南北，舞红了中国港澳台地区。承担了中国（厦门）第九届国际贸易洽谈会开幕式、第八届中国上海国际艺术节开幕式、中国（深圳）文博会艺术节开幕式、2008奥运演出季等多项国家级大型活动的演出任务。

舞剧《一把酸枣》参与了多种对外文化交流活动。主要的有香港特别行政区政府康乐及文化事务署与国家精品工程办公室联合主办的"精品剧目在港系列演出"活动；台湾永龄教育慈善基金会、台北爱乐文教基金会组织的台湾演出活动；赴日本参加了"中日邦交正常化35周年庆典"，赴韩国参加了"韩国大邱首届音乐舞蹈国际艺术节"，赴澳大利亚参加了中澳建交35周年庆典活动，赴俄罗斯参加了"中国文化节"系列活动，赴中东巴林参加了"2008巴林春天国际文化节"。

舞剧《粉墨春秋》

山西艺术职业学院创作演出。讲述了一个梨园戏班生存发展的故事。故事以梨园戏班的几经沉浮为线索，围绕着一个天资不灵、条件不济的小徒弟，怀抱积极向上的人生态度，几经曲折磨难最终成就大业而展开。剧中通过戏班中三个师兄弟的曲折人生经历，演绎了一段浓浓的师徒父子情、兄弟手足情和男女爱情。

《粉墨春秋》以中国古典舞为主要表演风格，借鉴中国戏曲及山西地方戏曲的诸多表演形式，用现代思维和视角表现人性、人情、人理。在记录剧中人由丑小鸭蜕变为白天鹅历经的磨难和取得的辉煌过程中，强烈地展现了戏曲人对人生目标执著不懈的追求，赞颂了年轻人立志成才的风采和自强不息的精神。

编剧：李碧华；导演：邢时苗；作曲：方鸣；舞美设计：高广健；灯光设计：沙晓岚；服装设计：王秋平。

《粉墨春秋》经过三年的创作，于2011年11月11日在北京保利剧院首演。

舞剧《粉墨春秋》剧照

舞剧《粉墨春秋》剧照

京剧《走西口》

山西省京剧院与国家京剧院、中国戏曲学院、山西省歌舞剧院联合打造的一部大型新编历史剧。讲述了康熙年间晋商名门晋德裕成功化解品牌危机的故事。晋德裕在开拓俄罗斯市场时，坚持以"诚"和"义"的经营之道，成功打通对俄贸易通道，并推动清朝与沙俄签订了中俄边境贸易的《恰克图条约》，在中国经贸发展史上留下了光彩的一页。

走西口是一部辛酸的移民史，是一部艰苦奋斗的创业史，这一移民浪潮，促进了内蒙古中西部地区与内地的交流，进一步增进了蒙汉之间的民族感情，对我们多民族国家的繁荣稳定产生了积极的影响。京剧《走西口》从一个侧面反映了这一事件。该剧用较大的篇幅展现了晋商的诚信经营和情义行事，为当代商人提供了一个舞台版的"危机公关案例"。

京剧《走西口》剧照

京剧《走西口》剧照

编剧：张晓亚、高晓江；导演：赵景勃、孙桂元、宋锋、郑岩；唱腔设计：张延培；音乐作曲：杨乃林；舞美设计：李威任；灯光设计：马路；服装设计：范晓蕙。

《走西口》获"2007—2008年度国家舞台艺术精品工程重点资助项目"，第十届中国戏剧节优秀剧目奖，第五届中国京剧艺术节新编历史剧一等奖等荣誉。

该剧于2003年开始创编，2006年10月在北京首演。先后在北京、上海、台湾、苏州、广州、深圳、内蒙古、河北、山东等省市进行巡演。参加了"2008北京奥运重大文化活动"、"2010上海世博会—山西活动周"文艺展演、"2010全国京剧优秀剧目展演"等演出活动，2010年10月赴中国台湾进行了演出。

京剧《知音》

山西省京剧院创作演出。故事讲述的是窃据大总统的袁世凯急不可待地复辟帝制。软禁京师的云南都督蔡锷将军积极酝酿武装讨袁行动，遭到袁世凯的疑忌。为麻痹袁世凯，蔡锷收敛了真实政见，结识了京华名妓小凤仙，小凤仙在几次危机中掩护和配合了蔡锷反帝制的秘密活动，两人真心相见，成为生死之交。蔡锷在小凤仙的帮助下逃出北京，奔赴云南，打响了全国讨袁行动的第一枪。

编剧：华而实；导演：孙桂元；作曲：尹晓东、陈建忠；舞美设计：黄海威。

京剧《知音》由著名剧作家华而实根据自己的原作京剧《蔡锷与小凤仙》改编。华而实根据京剧名家于魁智和李胜素两人的行当和表演特点来设计情节，丰富了表现手法，增强了该剧的可看性。经过一年多的加工创作，2011年10月6日在解放军歌剧院进行了首演。

京剧《知音》剧照

说唱剧《解放》剧照

说唱剧《解放》

山西戏剧职业学院和国家大剧院联合出品。讲述了一个小姑娘小小和一个小伙子亮亮之间一段令人揪心落泪的爱情故事。小小姥姥说："该裹脚了，脚大没人娶。"小小不愿意裹脚。亮亮说："我不嫌！"亮亮出外讨生活走了3年。等待中的小小长大懂事了，她怕给亮亮丢脸，自己开始裹脚。亮亮回来了，给小小买了一双大大的绣花鞋，他不知小小的脚……

《解放》以旧中国妇女"裹脚"现象为题

材，通过一对青年男女浪漫而伤感的爱情故事，抨击了沿袭千年的丑陋恶习给中国妇女带来的身心伤害。说唱剧《解放》创造了一种新的艺术表演形式，并用现代高科技的声光电技术，给观众带来强烈的音视觉感受。在精美的舞台呈现中，蕴涵着深刻的思想主题，表现了思想解放在人类进步和社会发展历程中的重大作用。

编剧：张继钢、高晓江；导演：张继钢；作曲、配器：张千一；舞美设计：高广健；服装设计：莫小敏。

2009年9月1日在国家大剧院首演以来，《解放》已在北京、山西、上海、江苏、浙江、陕西、内蒙古、重庆、福建、广东、河北、河南、广西、安徽、吉林、甘肃、宁夏等19个省52个城市演出268场，贾庆林、李长春、刘云山等14位党和国家领导人、190多位省部级领导和51万余观众观看了演出。

2011年，《解放》获"2009—2010年度国家舞台艺术精品工程重点资助"。

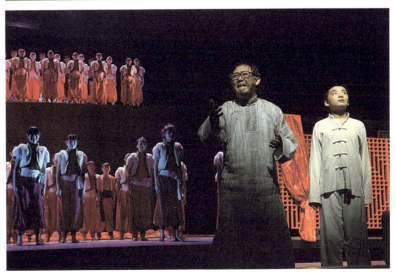

说唱剧《解放》剧照

晋剧《傅山进京》剧照

晋剧《傅山进京》

　　太原市晋剧艺术研究院创作演出。讲述了明末清初杰出的思想家、文学家、书画家傅山晚年进京的一段真实故事。康熙皇帝宣召傅山进京面圣，对傅山来说，去则与自己欲毕生忠于前朝不做贰臣的思想有悖；不去，则又将招来杀身之祸继而连累全家。一到北京，傅山就住进荒村古寺并托病消磨时日。康熙微服私访，傅山将计就计，借批评康熙书法的缺陷来表明心志。康熙诏令傅山觐见，并以武力相逼，傅山决心以死犯颜，全其气节。康熙软硬两手都没有

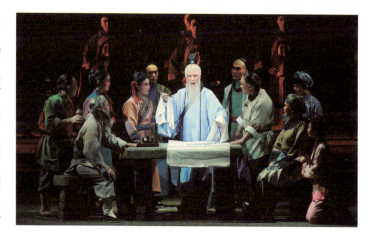

晋剧《傅山进京》剧照

达到目的，为赢得人心，准许傅山回乡养老。最终，一代有操守的知识分子和一代雄才大略的明君，在舞台上完成了政治、文化和人格的对弈，下了一局和棋。

全剧表现了傅山关注民生、推进民主、促进民和及威武不屈的精神。该剧通过康熙与傅山之间的对抗和冲突，阐释了"和而不同、和为贵"的主题。

晋剧《傅山进京》自2007年1月搬上舞台以来，先后赴北京、上海、苏州、大同、北京大学、河南、广州、兰州、石家庄等地演出200多场。获得的奖项有：2007年第一届中国少数民族戏剧会演金奖，第二届中国戏剧奖优秀剧目奖，2008年中国戏曲学会奖，2009年第三届全国地方戏优秀剧目展演一等奖，2009年中宣部第十一届精神文明建设"五个一工程"奖，2010年第十三届中国文化艺术政府奖"文华优秀剧目奖"，2008—2009年度国家舞台艺术精品工程重点资助剧目。

蒲剧《山村母亲》

山西省运城市蒲剧青年实验演出团创作演出。讲述的是中国农村改革开放初期，一位山村母亲为了让儿子走出大山开创新生活，自己不惜负重劳累，经历的一段艰难岁月。历尽曲折和风波，维护了家庭和睦。

《山村母亲》自2004年创作演出后，在运城、太原、苏州、无锡、北京等地召开20余次研讨会，现在的第四版本由张曼君执导。该剧上演后，深受黄河中游地域观众的欢迎。在农村，众多戏迷翻山越岭追着剧团看，有的观众用小平车推着老母亲看，甚至抱着老人的遗像看。迄今，该剧在全国各地演

蒲剧《山村母亲》剧照

蒲剧《山村母亲》剧照

出已经超过1300余场次。

2007年在中国戏剧节上连获三项大奖：团体突出贡献奖、优秀表演奖和剧目奖，2011年获"2008—2009年度国家舞台艺术精品工程资助剧目"，被文化部评为"全国现代戏优秀剧目"。

晋剧《大红灯笼》

山西梅花文化传播有限公司制作出品。根据苏童的小说《妻妾成群》改编，讲述了一个封建大院中妇女们反封建、求解放、追光明的故事。颂莲是上过洋学堂的学生，面对现实，嫁给一个大户人家做姨太太，从此进入一个不能自拔的泥潭。大院中妻妾们吃醋争宠，钩心斗角，表面风光的陈府大院却埋藏着随时可能爆发的战争，到处暗含着不稳定的因素。颂莲最终陷入苦闷、沉沦、绝望乃至发疯的境地，这是对封建束缚的一种本能反抗。

晋剧《大红灯笼》剧照

晋剧《大红灯笼》首次以地方戏的形式，汇集了山西4位戏剧"梅花奖"演员，重新讲述这个发生在20世纪30年代的大院故事。

编剧：贾璐；导演：张曼君。

该剧2011年2月在北京演出。2011年获第二届中国戏剧文华奖剧目奖、优秀表演奖等11项全国大奖，第十二届中国戏剧奖优秀剧目奖。

舞剧《千手观音》

太原舞蹈团创作演出。该剧是在广为流传的千手观音故事的基础上创作的一段极具寓言色彩的故事。很久以前，代国发生了一场瘟疫，国王也未能幸免。三公主乐善好施，请命寻莲以救父。在红蜻蜓的引导下，她历经千辛万苦终于找到神奇的"莲花"。面对苦海中受难的芸芸众生，她毅然献出了"莲花"。全剧分12幕，分别以请命寻莲、长路漫漫、蜻蜓引路、慧心妙悟、逼迫蜻蜓、寻找莲花、童子归善、天地之爱、降魔去病、人莲合一、苦海慈航、千手千眼为题，呈现了三公主从人到神的涅槃。

该剧充分体现了"真、善、美"的主题思想，从中可以体会到"只要心地善良，心中有爱，就会伸出一千只手去帮助别人，只要心地善良，心中有爱，就会有一千只手来帮助你"的深刻寓意，弘扬了"大爱无疆、大爱无终、大爱无痕"的普世真谛。舞剧构思灵感来源于五千年的三晋文脉，展现了山西传统文化的丰富底蕴。

编剧、导演：张继钢；作曲：董乐弦；舞美设计：王瑞国、王瑞宝；灯光设计：王瑞国；服装设计：宋立。

该剧于2005年开始创作，2011年1月27日在国家大剧院首演，先后参

舞剧《千手观音》剧照

舞剧《千手观音》剧照

加了广州国际艺术节开幕式、深圳艺术节、重庆亚洲艺术节开幕式的演出活动，赴新加坡顶级艺术殿堂——滨海艺术中心进行了交流演出。目前演出达60余场。

鼓乐剧《杨门女将》

山西绛州鼓乐艺术团创作演出。讲述的是家喻户晓的杨门女将保家卫国的故事。宋朝名将杨宗保战死沙场，杨门举家设灵祭奠。此时敌兵再次来犯，国家危难，杨门12位女将披挂上阵，杀退敌兵，表现了杨家深明大义、精忠报国的英雄气概。

这是中国第一部鼓乐剧，把世界非物质文化遗产"绛州鼓乐"这一古老艺术与现代剧场概念结合，传统民间艺术与西洋交响乐呼应。全剧完全以擂大鼓、

鼓乐剧《杨门女将》剧照

花敲干打的手法讲故事，通过鼓声的高低起伏、节奏的舒缓快慢、演奏者的表情来表现人物的心理变化和故事情节的发展。剧中继承了绛州鼓乐的传统经典，并创新发展了绛州鼓乐的演奏技法，是中国民间音乐发展创新的一次探索与尝试。

编剧：左衡；导演：肖向荣；出品人：赵顺太；作曲：栾凯；舞美灯光总监：任冬生。

2010年9月18日，绛州鼓乐演绎的《杨门女将》在人民大会堂进行了首演。

歌剧《小二黑结婚》

晋城职业技术学院创作演出。故事发生在1942年的刘家口，年轻姑娘小芹和村民兵队长小二黑真心相爱，由于受封建思想的影响，他们的相爱受到了双方父母的坚决反对和担任村干部的流氓恶棍金旺的破坏。一天夜里，小二黑与小芹正在商量终身大事，被早已垂涎小芹的金旺等人捆绑并加以陷害，幸亏区长及时赶到，经过一番斗争，惩办了流氓恶棍金旺，当众批评教育了二诸葛（小二黑父）和三仙姑（小芹母），一对新人在欢呼声中结成幸福伴侣。

歌剧《小二黑结婚》海报

该剧是根据著名小说家、人民艺术家赵树理的小说《小二黑结婚》改编而成。通过农村青年小二黑和小芹争取婚姻自主的情节，描写了农村新生进步力量同落后愚昧的迷信思想及封建反动势力斗争的故事。

剧本改编：小霍霍、霍霍；导演：韩剑英；作曲：马可、乔谷、贺飞、张佩衡等。

该剧2011年10月上演，在文化部举办的首届中国歌剧节评奖中获得演出奖、最高荣誉编剧奖、最高荣誉作曲奖、优秀导演奖，多个个人表演奖。

歌剧《小二黑结婚》剧照

电影《夜袭》

　　山西电影制片厂和八一电影制片厂联合摄制。本片再现了抗日战争历史上我军将士浴血奋战、彻底摧毁日军阳明堡飞机场的英雄壮举。1937年10月，忻口战役打响，八路军北上敌后插到雁门关，牵制狙击向忻口进犯的日军增援部队，配合正面战场。10月19日凌晨，769团在团长陈锡联率领下，突然袭击了位于山西代县阳明堡的日军机场，炸毁了机场上全部24架日军飞机，歼灭日军200多人，769团100余名勇士壮烈殉国。从10月中旬之后一连十多天，忻口和太原都没有遭到日军飞机轰炸。夜袭阳明堡极

电影《夜袭》剧照

大地振奋了中华民族的抗战激情，也书写了我军军史上以弱胜强的战例。

　　本片艺术地展现了战争对人的影响和人对战争的决定作用，是对重大革命历史题材影片的突破。

　　编剧：祁振欣、刘英学、安澜；导演：安澜。

　　2007年8月发行放映。影片获第二十六届中国电影金鸡奖最佳故事片提

电影《夜袭》剧照

名奖，第十五届北京大学生电影节军事题材创作奖，中宣部第十一届精神文明建设"五个一工程"奖，被评为第十九批向全国中小学生推荐优秀影片。

电影《黄河喜事》

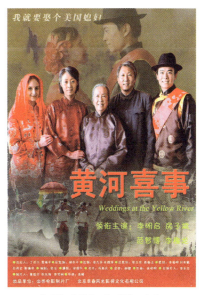

山西电影制片厂摄制。讲述了黄河岸边一家三代人曲折而传奇的爱情故事。20世纪30年代的黄河岸边，一对年轻恋人被拆散，已怀有身孕的新娘张蓝花被地主强行买入家中冲喜，在喜庆的颠轿音乐声中跌出了花轿。几十年后，已年逾古稀的张蓝花不满意孙子王贵带回的美国洋媳妇。巧的是，孙子的婚礼上，也是怀孕的洋媳妇同样被颠出了轿子，看着同样的巧合，前尘往事涌上老人的心头。

电影《黄河喜事》海报

影片以一家三代曲折辛酸的经历、浪漫的婚姻故事，表现了时代变迁中与百姓息息相关的民生民乐，折射出新中国60年特别是改革开放以来中国社会的巨大变化。

编剧：张冰；

导演：高峰。

影片于2009年拍摄制作完成，是中宣部、国家广电总局向新中国成立60周年献礼的重点影片。2010年获第十三届上海国际电

电影《黄河喜事》剧照

影节电影频道传媒大奖"评委会奖",第十届长春电影节"金穗奖"提名。2011年获第十四届中国电影华表奖"优秀故事片奖"提名,入选第一届北京国际电影季"北京展映"活动展映影片。

电影《情归陶然亭》

山西影视集团拍摄制作。讲述了中国共产党早期领导人、山西党组织创建人高君宇短暂而光辉的革命人生以及与一代才女石评梅冰雪圣洁的爱情故事。"我是宝剑,我是火花。我愿生如闪电之耀亮,我愿死如彗星之迅忽",这是中国马克思主义先驱、中国共产党早期创建者高君宇的真实人生写照。高君宇与享誉中国现代文学史的才女作家石评梅的凄美爱情传奇,为世间留下了一个颇具人文精神内涵的精美故事。

电影《情归陶然亭》海报

编剧:朱睿;导演:高峰。

2011 年拍摄制作完成,是国家广电总局推荐的庆祝中国共产党成立 90 周年重点献礼影片。2011 年 10 月,荣获第二十八届中国电影金鸡奖"最佳摄影"提名。

25 集电视剧《八路军》

该剧以历史唯物主义的观点、丰富翔实的史料、宏大开阔的视野,全方位、多层次地再现了中国人民八年抗战的光辉历程。凸显了中国共产党领导的八路军在抗战中的中流砥柱作用,热情讴歌了中华儿女为了捍卫民族尊严,拯救国家危亡而坚强不屈、同仇敌忾、不怕牺牲、敢于胜利的伟大民族精神。

电视连续剧《八路军》剧照

编剧：王朝柱等；导演：宋业明等。

获第二十三届中国电视金鹰奖优秀长篇电视剧奖，第二十六届中国电视剧"飞天奖"优秀长篇电视剧一等奖，中宣部第十届精神文明建设"五个一工程"优秀电视剧奖。

2005 年 8 月 10 日在中央电视台一套播出。

25 集电视剧《吕梁英雄传》

该剧以晋绥边区吕梁山的一个小山村康家寨军民抗战为中心，讲述了由雷石柱、康明理、孟二楞等为骨干组成的民兵组织，在共产党的领导下同仇敌忾、团结一心、顽强战斗，取得抗战胜利的经历。塑造了一群有血有肉的英雄形象。

电视连续剧《吕梁英雄传》剧照

电视连续剧《吕梁英雄传》剧照

编剧：张石山、梦妮；导演：何群。

获第二十三届中国电视金鹰奖优秀长篇电视剧奖，第二十六届中国电视剧"飞天奖"优秀长篇电视剧三等奖，中宣部第十届精神文明建设"五个一工程"优秀电视剧奖。

2005年8月中央电视台一套播出。

45集电视剧《乔家大院》

该剧通过描写晋商代表人物乔致庸为实现自己青年时代货通天下、汇通天

电视连续剧《乔家大院》剧照

下的宏愿，与其他商家、达官显贵、家族内部乃至土匪之间展开错综复杂的斗争，最终成为对中国经济有重大影响力巨商的传奇故事，深刻展示了以诚实守信为本的晋商精神和百折不回的优良品质。

电视连续剧《乔家大院》剧照

编剧：朱秀海；导演：胡玫。

获第二十三届中国电视金鹰奖优秀长篇电视剧奖，韩国首届首尔电视节最佳长篇电视剧奖，第二十六届中国电视剧"飞天奖"优秀长篇电视剧一等奖，中宣部第十届精神文明建设"五个一工程"优秀电视剧奖。

2006年2月中央电视台一套播出。

51集电视剧《走西口》

这是一部反映中华民族在艰难困境中表现出顽强拼搏、自强不息精神面貌

电视连续剧《走西口》剧照

电视连续剧《走西口》剧照

的电视剧。20世纪初，山西祁县地区连年大旱，为了生活，男人们不断踏上走西口的道路。祁县田家少爷田耀祖遭人暗算、豪赌输光家业后只身走了西口。10年后，长大成人的田家后代田青也去走西口，依靠自己的勤奋、智慧、诚信以及敢于创新的思维和胆识，在口外经商生意兴隆。逐渐走向成功的田青，情感上经历了曲折的亲情、爱情、友情等考验，生意上不断遭遇来自官府、土匪、同行的各种干扰。在进步思想的影响下，田青认识到没有民族和国家的安定，就不会有个人和家庭的幸福安宁。最后，他变卖家产，投身到民族革命和民族解放的事业中。

编剧：俞智先、廉越；导演：李三林。

2009年获第二十七届中国电视剧"飞天奖"长篇电视剧三等奖，中宣部第十一届精神文明建设"五个一工程"奖。2010年，根据华鼎中国电视剧满意度调查结果获华鼎"最佳电视剧奖"。

作为2009年的开年大戏在中央电视台一套黄金时段播出，天津、辽宁、江西、山东卫视二轮播出。

19集电视剧《喜耕田的故事》

全剧以2006年中央免征农业税和建设社会主义新农村为背景，以一个进城务工的普通农民喜耕田返乡后的生活为主线，通过一系列生动有趣、引人入胜的故事情节，表现了新时期农民所处的时代背景、生活状态及其喜怒哀乐，塑造了喜耕田、二虎等一批新时代农民的新形象、新风貌和新追求，展示了亿万农民在中国共产党的领导下，建设社会主义新农村的新的伟大实践。

编剧：牛建荣；导演：牛建荣。

获第二十四届中国电视"金鹰奖"优秀长篇电视剧奖，第二十七届中国电视剧"飞天奖"长篇电视剧一等奖，首届新农村电视艺术节农村题材电视剧"长篇最佳作品奖"。

作为党的十七大献

电视连续剧《喜耕田的故事》剧照

礼剧目，于2007年8月党的十七大召开期间在中央电视台一套黄金时间播出。

24集电视剧《江阴要塞》

本剧塑造了一大批多姿多彩的我党的地下工作者。1948年5月，江阴地下党遭受破坏，长期潜伏在江阴要塞国民党军队内部的地下党员唐炳霖等同志一边积极应对特务，一边遵照华东局关于组织国民党军队起义的指示，精心策划，在实质上掌控了江阴要塞的兵权，为要塞的起义做好了组织准备。1949年4月

电视连续剧《江阴要塞》海报

21日，在我军东线十兵团发起渡江战役的关键时刻，唐炳霖、唐炳昱等人最终成功组织要塞部队起义，圆满完成了我军十兵团司令员下达的任务。

编剧：刘星、朱强；总导演：韦廉；导演：王伟民。

2009年9月在中央电视台八套黄金剧场首播。

本剧获中国电视艺术家协会"庆祝新中国成立60周年解放战争题材电视剧评析活动三等奖"，"CCTV第四届电视剧群英汇年度热播剧奖"，第二十五届中国电视金鹰奖电视剧提名奖（三等奖）。

20集电视剧《阿霞》

该剧用独特的视角讲述了当代农村妇女用双手改变农村落后面貌的感人故事。剧中以我国北部农村居民生活为背景，再现了四川女青年阿霞来到山西贫困山区后被乡亲们的真情感动，带领村民们一同拼搏奋斗，走上富裕道路的艰苦历程。

该剧真实再现了我国北方农民的生活样态、思维方式，体现农村人"穷则思变"、

电视连续剧《阿霞》剧照

电视连续剧《阿霞》剧照

"富而思进"的精神品质，热情讴歌了党的农村政策，歌颂了在改革开放以来农村发生巨大变化的社会背景下，农村妇女自强自立的可贵精神。

编剧：谭文峰、赵爱斌；导演：文世斌。

2006年在央视八套黄金档播出，创下了当年央视八套电视剧收视新高。获得了团中央第九届全国"五个一工程奖"、中宣部精神文明建设"五个一工程奖"提名奖等多个奖项。该剧是央视历年来重播率最高的电视剧之一，截至2011年底在央视各频道重播80余次，地方台重播高达100余次。

40集电视剧《天地民心》

《天地民心》的主人公祁隽藻是清代著名文人，经历四朝皇帝，为三位皇帝做过老师。在他身上，更多体现的是中国古代文人的一种正气和风骨，而不是治学仅仅为了仕途为官。他的终生理想是：致君尧舜，使民小康。而为了这个理想，他也付出了一生的努力，以及亲情、爱情，等等。《天地民心》让观众看到了一代晋儒的感人故事。

编剧：朱秀海；导演：杨梓鹤。

电视连续剧《天地民心》剧照

2011年在第二十八届中国电视剧"飞天奖"评选中获优秀长篇电视剧三等奖。2010年7月3日在中央电视台黄金强档播出。

35集电视剧《革命人永远是年轻》

该剧跨越20世纪30年代至80年代半个多世纪的漫长岁月，以土地革命、抗日战争、解放战争和新中国建设四个具有代表性的时代作为时间线索，紧紧围绕主人公陈志的人生命运为主线，串起一个个跌宕起伏、极富传奇色彩的故事，

电视连续剧《革命人永远是年轻》剧照

通过几位主人公不同的人生历程，以及相互之间的爱恨情仇，反映50年来新旧中国更迭、曲折而又必然的历史轨迹，以点带面地反映中国共产党由弱到强发展壮大的伟大征程。

编剧：周志方；导演：陈健。

2011年7月2日在中央电视台一套黄金时段播出。

电视连续剧《革命人永远是年轻》剧照

37集电视剧《下海》

改革开放初期，贫穷让中国人燃起对富裕不可遏制的渴望，广东经济的迅

电视连续剧《下海》海报

速发展冲击了内地，也在北方某城陈姓三兄妹家庭中引起轩然大波，向南下海——一场惊心动魄的向命运的抗争在这个普通的家庭里展开，成功和失败如影随形在他们每个人身上轮番呈现，跌倒再爬起来，他们付出了身家性命，最终完成了情感、精神、灵魂的蜕变。这就是中国人从未经历、不得不经历的、辉煌又残酷的走向富裕的历程，这就是中国人的下海。

总制片人：刘燕军、李潮洋、庞洪；导演：王晓明、王晓康。

2011年10月中央电视台一套黄金时间播出。

52集动画片《大耳朵爷爷历险记》

该片是以晋城市泽州县府城玉皇庙二十八宿雕塑为原型，以老子道德思想为主线，以珏山为故事发生地创作而成的大型动画片。

2010年，泽州县二十八宿影视公司与中央电视台动画公司联合开始制作。2012年1月12日，在中央电视台少儿频道春节期间黄金时段播出。

动画片《大耳朵爷爷历险记》剧照

长篇木偶动画剧集《不亦乐乎》

孝义市完形影视基地有限公司出品。全剧的时空背景是明朝。主角是一群小朋友，共同生活在一座城市中，就读同一所学堂。学堂里有一位年轻的先生，在别人眼中是落魄秀才，但事实上，他不志于仕，认为自己的个性和官场不和，只要能像孔子一样教育英才，这是他最大的快乐。

剧集中的小朋友们，各有各的家境背景，也各有各的烦恼和问题，他们相互碰撞，产生悲喜交集的剧情。剧情以《论语》中的教诲为主，有中国历朝历代的典故，还有佛教的故事、禅宗的故事。

该剧在全世界73个国家播出。

2008年获台湾广播电视金钟奖，2009年获美国第七届优秀制作大赛成绩特奖（The Accolade Competition Award of Merit），2009年获第四十二届美国国际电影及录像节儿童节目银幕奖（US International Film & Video Festival Silver Screen-Children's Programming）。

长篇木偶动画剧集《不亦乐乎》剧照

中篇小说《前面就是麦季》

这部小说讲述的是晋南农村的故事。霍山以南、汾河以东的农民与别处不同，他们一年中享受两次收获：麦季和秋季。"麦季"比"秋季"要重要得多，因为麦子是主粮。

麦季，是一年一度阳光炙烤下的狂欢节，在那些走向节日的日子里，每家每户都用生活谱写着故事。老姑娘秀娟家里，弟弟福元因为不能生育，要抱养一个孩子来延续香火。抱孩子仿佛是一个隆重的仪式，全家人都参加了，都兴奋了，虽然这种兴奋只是为了换来更平常的生活。孩子过满月，要遵从风俗礼仪，图的就是个喜洋洋、

中篇小说《前面就是麦季》

闹哄哄、乱糟糟。热闹过后，却给老姑娘惹下了闲话，满村子的嘴都在猜测一件蹊跷事，秀娟家却成了净土。为了捍卫秀娟的尊严，弟媳妇红芳和两个长舌妇人打架。老实本分的福元为姐姐担心到魂梦系之。当尘埃落定，麦子散发出尘土的香味，我们才看到了秀娟纯净的灵魂和无私的大爱。

中篇小说《前面就是麦季》写的是一首生生不息的生育诗，描绘的是乡村生活风情画卷，是作者向故乡那些有着纯净灵魂的人们和他们心底的大爱的致敬。

作者：李骏虎，获第五届鲁迅文学奖。

除本作品外，山西先后还有王祥夫的短篇小说《上边》、赵瑜等的报告文学《革命百里洲》、蒋韵的中篇小说《心爱的树》、葛水平的中篇小说《喊山》等5部作品获鲁迅文学奖。

长篇小说《茶道青红》

故事发生在清乾隆五十年之后的8年间。经历两代数十年经营，已将华茶外

贸做大的晋中康氏家族，突然面临中俄边境因刑事纠纷，大清朝廷关闭边境、禁止两国贸易互市的空前危机。而当时康家主事的康乃骞、康乃懋兄弟，才智中常，远不及创业的父辈。其中较能担当的二爷康乃懋，又因边境封关，被困俄国。长门康乃骞陷惊慌失措中，懦弱毕现。外部的突发危机，彰显了康家商务的内部隐患。在几位贤能的掌柜策动下，康乃懋的夫人戴静仪临危受命，依赖商号各路掌柜伙友，运筹应对，守法苦撑，不为走私黑利所动，严护祖业根本。她更力排众议，借危成"机"，将康家祖传的财东当家、亲掌商务的商业体制改革为"伙东"制，消除了祖业因子孙不肖，商号败落的宿命。子孙难保代代贤能，但选择贤能的掌柜，却是可能的。康家在此封关八年的经济危机中，一面守护商号根本，一面顺势改制，因此赢得了危机过后的强势复苏以及日后的百年不衰。

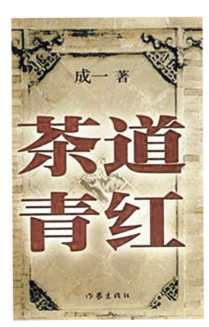

这条主线之外，小说还描写了中俄两家茶商年轻一辈的爱情绝唱。小说还依据史实，塑造了一位清代善理边务外交的办事大臣松筠。围绕这些内容，小说力求言之有据地展现当时江南茶山、万里茶道，特别是被称为"西伯利亚的汉堡"、"沙漠中的威尼斯"的恰克图的经济活动、社会风俗以及自然风貌。活动在这个尽可能真实的历史环境中的众多人物，则是属于作者的艺术创造。

作者：成一，作家出版社出版。

长篇小说《茶道青红》

长篇小说《裸地》

这部作品时间跨度较大，讲述从清末民初到土改这一动荡的历史时期山西省暴店镇的移民史和盖氏家族的兴衰史。山东人聂广庆因天灾，家破人亡逃荒到山西，半路捡了个老婆女女在河蛙谷安家。暴店镇富户盖运昌娶了四房老婆

长篇小说《裸地》

只得了一个傻儿子，偌大的家业无人继承，香火无以延续，生平最大的愿望就是有女人给自己生一个"带锤锤"的。他看上了女女，和聂广庆签了典妻合约，女女就带了儿子到盖家做针娘，并让儿子认盖运昌为爹，直到土改。

《裸地》是葛水平的第一部长篇小说。以一个家族的兴衰、一个女人的命运变迁展示了新中国成立前几十年太行山区的沧桑巨变。小说关注人的生存的艰难、农民与土地，细腻展示了人在生命之茧中煎熬的沉痛历程和绽放的人性美，从一个侧面表达了对生命内涵的理解。对人性进行了多层次、多角度的刻画和挖掘。是一部大气厚重，细节饱满，语言诗意，有文化内涵，极富文学品质的作品。

作者：葛水平，作家出版社出版，获《中国作家》剑门关文学奖。

报告文学《寻找巴金的黛莉》

本书故事很简单：一系列民国时期的书信，让作者开启了一趟考证探寻其所有者的旅程。其间几经曲折，拉扯出很多人和事，甚至还牵连上血案，直到终于找到当年的收信人。本来只是一个小小的引子，却带出中国历史上疯狂血腥的一段往事……

虽然只是不厚的一本小书，18万字，作者却在其中注入大量丰富的信息，要讨论的问题也可称重大：政治与人权、信仰与自由、集权与极权、文学的任务与文坛的异化……显示出作者的气魄和写作实力。

本书缘起很偶然：作者在写书之余，闲步古玩市场发现了这七封旧书信。如果不是因为写作者是巴金，肯定引不起任何人关注。幸而遇到的也是一位作家，出于作家和文物爱好者双重身份的敏感，他意识到这些书信的重要性，遂起收购整理挖掘其内涵之心，从此一发不可收拾，投入两年多的时间精力。

就最后结果来看，这些巴金写给他的仰慕者——进步女青年黛莉的书信，数量既不多，时间也不长，内容没有什么暧昧也没有多少深意，对整个中国历史、文学史谈不上多少价值。但在赵瑜求证的过程中，却突显出其不可忽视的意义——它们折射出中国抗战前后一份独特的历史片断。

作者：赵瑜，人民文学出版社出版，获《中国作家》鄂尔多斯文学奖、第四届"徐迟报告文学奖"、国家图书馆"文津奖"。

报告文学《寻找巴金的黛莉》

巧夺天工的工艺产品

宇达青铜艺术品

山西宇达集团公司生产,产品主要有巨型大型雕塑、高档创意艺术礼品、艺术品收藏品拍卖品、旅游纪念品。

宇达巨型大型青铜雕塑是国际国内同行业第一品牌。十几年来成功地为13个国家和地区、全国近百个城市制造安装的巨型、大中型青铜雕塑已超过1000尊。广州白云机场长达78米的巨型铜雕《五云九如》、内蒙古鄂尔多斯的成吉思汗巨型群雕和唐山高达78米的《丹凤朝阳》等都是宇达的产品。

宇达青铜艺术品

高档青铜艺术礼品种类超过2000种，是国际青铜礼品行业的顶级品牌。目前已形成关公故里关公铜像、名家名作、国礼极品、创意艺术、国宝级青铜器仿复制、专用礼品和奖品、限量100奢华青铜艺术等十大类礼品集群，并以每年100余种的创新速度引领着国内外青铜艺术礼品的高端潮流。

宇达制作的当代著名雕塑家的青铜艺术品、收藏品，已占有中国青铜雕塑艺术品拍卖市场70%的市场份额。

广灵剪纸

广灵剪纸源远流长。据专家考证，广灵剪纸的雏形在初唐，到明代形成独特风格，沿袭至今。

广灵剪纸以其艳丽的色彩、生动的造型、纤细的线条、传神的表现力和细腻的刀法，独树一帜，自成一派。既有粗豪劲健之风，又不乏纤细秀美之情，融北地和江南水乡风格为一体，被誉为"中华民间艺术一绝"。

广灵剪纸的主要特点为刀刻染色，表现形式分为单色、染色传统剪纸和多层新写实剪纸。作品分为镜框、画轴、礼品册、旅游纪念品四大系列3600个品种。

广灵剪纸艺术渊源流长

广灵剪纸艺术作品

高平黑陶

黑陶的陶土有细泥、泥质和夹砂三种，其中以细泥薄壁黑陶制作水平最高，有"黑如漆、薄如纸"的美称。陶土经过淘洗、轮制，再经打磨，在摄氏1000度左右下烧成，胎壁厚仅0.5～1毫米，漆黑光亮，有"蛋壳陶"之称。

黑陶是继仰韶文化彩陶之后的优秀陶种，被誉为"土与火的艺术，力与美的结晶"。黑陶文化是黄河流域文化，在鲁、陕、晋、豫、冀等地都有类似发现。经几代学者的不懈努力，1989年破解了失传4000多年的陶艺技术，并在传统黑陶工艺的基础上有所创新。

高平黑陶工艺品

平定刻花瓷

平定刻花瓷，取材于阳泉地区特有的原料，继承了当地历史上特有的刻划花装饰工艺，是独具特色的民间陶瓷，具有极高的艺术品位和收藏价值。2006年9月，平定县被中国民间文艺家协会、中国艺术之乡评审委员会授予"中国刻花瓷之乡"、"中国刻花瓷研究基地"。

据《中国陶瓷史》、《大明一统志》、《广舆志》等

平定刻花瓷工艺品

相关文献记载："平定窑始于唐，兴于宋，后因战乱而失传。"20世纪60年代，山西省陶瓷研究所古陶瓷研究专家在平定陶瓷厂主持恢复了这一失传千年的传统工艺。

澄泥砚

澄泥砚以沉淀千年的黄河渍泥为原料，经特殊炉火烧制而成，制作需经过几十道工序。先将采掘来的河泥放置在一个绢制的箩中过滤，滤出极为细致的泥土放置一年以上，去掉燥性才能使用。澄泥砚的烧成温度在1000℃-1300℃左右，介于陶和瓷之间。现代工艺使澄泥砚的密度提高到已接近花岗石的密度。由于原料来源不同、烧制时间不同、生产工艺不同，澄泥砚有鳝鱼黄、蟹壳青、绿豆砂、玫瑰紫等不同颜色，体形有圆、椭圆、半圆、正方、长方、随意形，雕式有立体和平面之分。

澄泥砚起源于秦汉时期的砖瓦生产工艺，盛于唐宋。从唐代起，端砚、歙砚、洮河砚和澄泥砚被并称为"四大名砚"，其它三种均为石砚，史称"三石一陶"。澄泥砚质坚耐磨，抚若童肌，不伤笔，不损毫，唐宋皆为贡品。到清代时，其制作工艺失传，澄泥砚的生产出现了一个近三百年的断档。

20世纪80年代，山西定襄县河边村创办了河边传统雕刻工艺厂，恢复了失传数百年的澄泥砚生产，生产的"雅艺轩"产品品种达数百种。除砚台外，还生产泥精茶具、酒具、仿古陶艺术包装。如今"雅艺轩"澄泥砚已成规模，且制作技艺高超。到河边旅游的客人，大多要购买一方澄泥砚作为纪念。

同期，山西新绛的艺术家们也恢复了澄泥砚的生产。

雅艺轩澄泥砚

高平丝绸

中国是丝绸之乡，潞绸是中国的名产。高平丝绸以晋东南特产优质蚕丝为原料，历史悠久，工艺精湛，以软、亮、柔、轻四大特色著称。

高平市西北山区的泫谷是缫丝的首创地。历史学家范文澜说过，高平最早叫泫氏县，那里有条河叫泫水，泫水河畔是我国丝绸的发祥地。

现在，高平丝绸的生产在继承传统工艺的基础上，融入现代生活的理念，开发出许多系列产品。丝麻爽身系列产品滑爽舒适、吸湿透气、天然保健、抗霉抑菌，融合了桑蚕丝的细腻柔滑与大麻的凉爽质朴。真丝养神系列产品绒面柔滑均匀、温暖舒适、触感柔软顺滑。真丝锦绣系列产品主色以中国红为基本色调，柔美的蚕丝面料搭配手工刺绣，是东方传统神韵与现代流行元素的结合。

高平丝绸

上党堆锦

堆锦艺术品是利用色彩斑斓的丝织品和布料，经过精心设计，妙手堆制，采用画、剪、刻、剔、挑、编、割、刮、缝、绣、染、折、拼、贴等十几道工序和成百块布料拼合成具有浮雕效果的工艺美术品。变化莫测的纹理、优美而不

上党堆锦

失质朴的情趣，形成了堆锦艺术独特的视觉效果。

上党堆锦，俗称"长治堆花"，是古上党地区（今长治市）所特有的民间传统手工艺术品。公元707年，唐明皇李隆基以临淄王别驾潞州时，将宫廷里用丝绸制作的工艺品堆绢带到上党古城，后流入民间。1915年，一套春夏秋冬堆锦四条屏荣获巴拿马万国博览会银质奖。

上党堆锦艺术与佛教文化的紧密结合，使佛像在平面和立体两种造像形式上又增添了一种新的丝质软体浮雕造像形式。近几年来研制成的西方油画内容作品，使东方古老的工艺美术和西方独特的油画艺术非常巧妙地融合在一起，堪称"立体油画"。

2005年，中华堆锦艺术家、山西省工艺美术大师涂必成的上党堆锦精品《观音·文殊·金刚手》荣获"百花杯"中国工艺美术精品奖金奖，《白度母》荣获第九届中国工艺美术大师作品暨国际艺术精品博览会"天工艺苑·百花杯"中国工艺美术精品奖金奖。"上党堆锦"牌上党堆锦艺术系列产品被确定为"国际知名品牌"。

定襄晟龙木雕

山西省定襄县晟龙木雕模型艺术有限公司是专业设计制作加工省内外地方特色微缩景观工艺品、木雕古建筑模型和古建维修、文物复制的生产厂家,年加工能力 15 000 件。公司挖掘和开发古建筑的艺术价值和商品价值,为国内各大博物馆制作大型展品。目前已发展成为全国最大的木雕古建筑模型生产基地。公司还新开发了骨雕产品。

晟龙木雕的代表作品:《应县木塔》、《晋祠圣母殿》、《五台山佛光寺东大殿》、《太原双塔》、《恒山悬空寺》、《万荣飞云楼》、《佛光寺东大殿》、《永乐宫三清殿》、《南禅寺大殿》,"中国四大历史文化名楼"系列《黄鹤楼》、《滕王阁》、《岳阳楼》、《鹳雀楼》,还有《乔家大院》、《加拿大大雄宝殿》、《长城关口》、《甘肃泾川大云寺舍利塔》、《八沟古城二十里长街商贸盛况沙盘》、《燕翼围》、《江西漕船》等等。

定襄晟龙木雕

骨雕作品:骨雕珍品《五台山风景》,作品酷似象牙材质,采用非洲花梨浮雕底座,将硕大圆镜式景观高高托起,便于观赏。骨雕《台山微缩景观》在上海世博会展出。

骨雕作品

祁县玻璃艺术

祁县玻璃艺术

祁县是"中国玻璃器皿生产出口基地",玻璃器皿生产企业100余户,从业人员3万余人,拥有电熔炉生产线29条、天然气炉及煤气炉100多盘。产品包括酒具、茶具、咖啡具、蜡台、风灯、水升、果盘、糖盒、花瓶和工艺品等10大系列6000多个品种,中高档产品约占53%。

产品远销以欧美为主的80多个国家和地区,全县玻璃器皿年产值在亿元以上的企业有4户,年产值在5000万元以上的有16户。

新绛云雕

新绛云雕、螺钿是一种雕漆工艺品,旧称剔犀,因图案多以回旋生动、流转自如的云纹回钩组成,故称"云雕"。

云雕产品的制作,是在做好的胎型上,以不同的颜色漆层层堆起,然后剔刻出图案花纹,不同颜色的漆层就从刀口暴露出来,花纹最常见的是云纹。产品线纹圆润、漆光莹亮照人,造型优美、图案新颖、品种齐全、生动别致。

《中国书艺美术大辞林·地方传统工艺分布》上记载有"新绛云雕"。云雕工艺始源于唐代,明朝时达到鼎盛时期,主要供宫廷使用,民间极为少见。清朝末年,宫廷艺人组织解散,流落民间。当时的绛州正处于工商业的兴盛期,宫

新绛云雕

廷云雕艺人纷纷汇聚于此，重操旧业。清末民初至20世纪30年代初，新绛已有12家漆器作坊，如今，云雕产品开发出了高档云雕家具系列、礼品系列、文房四宝系列等12个系列千余种，产品的造型、花色出现了全新面貌。

太钢不锈钢创意产品

太钢不锈钢工业园组织开发的不锈钢艺术品、文体用品、锅具、餐具、厨具、器皿、杯壶、美甲组合、五金工具、腕表等有12个系列、上百种产品。

代表性产品有：不锈钢铸造的晋祠铁人，不锈钢春秋大鼎，不锈钢黄河大铁牛，不锈钢三足酒爵，不锈钢蚀刻画，不锈钢五台山圣迹图，不锈钢象棋、围棋、麻将。还设计研发出不锈钢茶具系列、不锈钢杯壶系列、不锈钢文体用品系列、不锈钢军刀系列、不锈钢腕表系列、不锈钢复合锅系列和餐具套装系列产品。

产品远销美国、韩国、欧洲、中东等国家和地区。

太钢不锈钢创意产品

长治澳瑞特健身器材

澳瑞特健身器材是由长治人自己生产经营的产品。生产各种有氧健身器、专业力量训练器、综合训练器以及室外健身路径等十几大类800多个品种的系列健身器材，是国内最大的健身器材研发生产企业之一。

澳瑞特先后开发出了Ⅰ型、Ⅱ型、Ⅲ型以及S型、M型、D型、H型和B型

长治澳瑞特健身器材

八大系列的室外健身器材产品。为开拓国际市场，又开发出精锐、精致、精卫、精随、精艺、托宝、艾高七大系列的力量训练器产品。为配合国家划船队、北京体工队、福建体工队等专业体育组织开发了形式多样的体能训练专用器材。

澳瑞特与中国航天员中心合作研制开发的太空健身车项目是中国载人航天"三步走"战略中第二、三期工程的重要组成部分。未来几年，澳瑞特将集中优势资源努力做好"商用"和"室外"两大市场，同时，企业将在康复器材和医用健身器材方面大胆"试水"。

澳瑞特健身器材已在全国铺设了70多个直销网点，并出口到美国、澳大利亚、欧洲、中东、东南亚等20多个国家和地区，国内外客户资源逾80万。

阳泉煤雕

煤玉雕刻是我国传统的雕刻技术之一。我国第一部神话、地理专著《山海经》把煤雕原料称为"涅石"；在辽宁沈阳北陵附近的新石器晚期遗址，就出土过煤雕装饰品。

山西肇文美术工艺品有限公司利用合成技术，选取阳泉精煤、煤泥制作煤雕，作品具有浓郁的乡土气息和地域文化特性。作品《宫灯》在中国美术馆展览并被收藏，《凤形珥珰宫灯》入展上海世博会，《云龙纹镂空花瓶》《凤鸟纹镂空花瓶》由联合国教科文组织颁授"世界杰出手工艺品徽章"，赴美国新墨西哥州参加圣达菲国际民族手工艺展。2009年为新中国成立60周年创作的《和乐四方瓶》是世界最大煤制室外雕塑作品。

2007年、2008年、2009年、2010年阳泉煤雕连续4年夺得中国工艺美术"百花杯"金奖。

阳泉煤雕

平遥推光漆工艺品

平遥推光漆器髹饰技艺是一种工艺性质的高级油漆器具，是我国四大名漆器之一，以手掌推光和描金彩绘技艺著称。

平遥推光漆器，是用炼制过的大漆髹饰木器家具和精致器皿，经过漆后细磨，磨后再漆，反复数遍，然后用手掌推擦出光泽，再经多种工艺，绘饰出山水花鸟、亭台楼阁或人物故事，工序细致复杂。外观古朴雅致、构造精细、漆面光洁，绘饰金碧辉煌，手感细腻滑润，耐热防潮，经久耐用。

平遥推光漆髹饰品分为实用品（如漆柜、漆箱、条案、茶几）和陈设品（如屏风、漆画）两大类，现有品种多为高档屏风、挂屏、电视柜、大小衣柜、角柜、酒柜、陈列柜、首饰匣等。底漆多以墨黑、霞红、杏黄、绿紫为主，上面绘以具有民族风格的图案，如古典小说、戏剧中的故事人物、古代神话、传说中的故事人物等等，或描金彩绘，或刀刻雕垫，或堆鼓镶嵌，线条流畅，光泽亮丽，色调和谐，富丽堂皇。推光漆技艺还普遍用于宫廷、庙宇、厅堂、文房的陈设装饰，取得了良好的艺术效果。

平遥推光漆器流传至今，已有数千年历史。春秋战国时期，平遥漆器已粗具雏形。在汉代，漆器已达到一个鼎盛时期。随着晋商实力的增强，平遥漆器远销蒙、俄、东南亚一带。

2006年5月20日，该技艺经国务院批准列入第一批国家级非物质文化遗产名录。

平遥推光漆工艺品

侯马青铜器

青铜器开始大量出现是在距今4000年前的夏代，春秋晚期则是晋国"晋式铜器"的天下，鼎、豆、壶、钟等礼乐器精美绝伦；鸟尊、牺背立人挚盘、虎形灶栩栩如生；蟠螭、蟠虺纹活灵活现；鸟、兽等动物的搏斗变化无穷；透雕、半浮雕的纹饰风格各异；错金银、镶嵌金银及镂刻工艺巧夺天工。青铜器已经深入社会生活的各个层面，兵器、工具、生活用具、车马器、装饰品、货币等应有尽有。

"晋式铜器"的生产作坊，是在公元前585年，晋国将国都迁到"新田"后出现的，新田在今天的山西省侯马市。考古界在该市发现了面积约达一平方公里的"侯马铸铜遗址"，出土了大量精美的铸铜模和范以及冶铸工具，为国内外考古、历史、科技、美术界所瞩目。

侯马青铜器

洪洞麦秆画

麦秆画，又称麦草画、麦烫画、麦秸画、烧烫画等，其工艺源于我国古代中原地区，历史已有千年，后经历代传播，成为一种完善的艺术形式。

麦秆画是民间纯手工艺技术，它充分利用天然麦秆的自然光泽和材质，表现天地风雨、花鸟虫鱼、人物风景、花卉动物等，栩栩如生，巧夺天工。其一幅作

洪洞麦秆画

品的完成要经历割、剪、泡、刮、贴、烫、拱、拼等十几道工序，制作精细而烦琐，过程漫长而艰辛，对制作者的耐心、毅力以及审美能力等都是一种考验。

洪洞县退休老干部李新忠潜心研制麦秆画。他在继承传统制作技术的基础上，又集画工、剪工、烫工和作工为一体，吸收国画、白描、油画、重彩之优势，又研制出麦秆浮雕画和彩色麦秆画。2004年作品《红楼梦金陵十二钗》获第六届中国民间艺术节万件珍品展金奖。

长子响铜乐器

长子响铜乐器制作是典型的民间手工技艺，尤其是"千锤打锣、一锤定音"的定音技术，更是口传心悟，代代传承。

长子县南漳镇响铜乐器制作主要集中在本镇的西南呈村，是我国最早生产响铜乐器的地方。早在唐贞观元年（公元627年）此地手工铜业作坊制作的响铜乐器就已遍及各地。铜、鼓乐器，戏装、响铜乐器衍生的文化演艺业自明代以来经久不衰。改革开放以来，古老的响铜乐器及其衍生的文化演艺业异军突

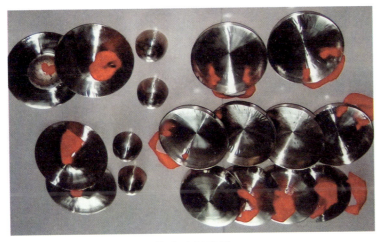

长子响铜乐器

起，仅西南呈一村就有 4 个规模铜乐器制造厂和一个鼓制造厂，年产值达 900 余万元。目前生产的虎音锣、中音锣、云锣、大小擦头、大钹等 10 大类 130 余种产品远销东南亚等地。

大同铜器

大同铜匠在2000多年前就拥有炉火纯青的手艺。历史上一句"五台山拜佛，大同城里买铜"，就说尽了这座城市与铜的渊源。

1973年，周总理陪同法国总统蓬皮杜访问大同，曾以大同铜工艺火锅馈赠。大同铜器远销美国、日本、中国香港等十多个国家和地区。铜工艺火锅曾经获轻工部工艺美术"百花奖"和"希望杯"奖，国家经委"金龙奖"，轻工部优质产品称号。

大同铜器造型美观、工艺精湛、品种繁多，有系列铜工艺火锅、宫廷御锅、民族用品、日用工艺品、礼品、旅游纪念品、文房四宝、佛像供具、铜艺装饰、雕塑等，具有实用性、观赏性、保健性、收藏性。

大同铜器

倾力打造的图书精品

《文物中国史》

《文物中国史》是山西出版传媒集团山西教育出版社与香港中华书局联合出版的一套大型图文中国通史，由中国国家博物馆研究中国历史与考古的专家、学者合作编撰，国家博物馆馆长朱凤瀚先生任编委会主任。

《文物中国史》从"文物"的角度叙述中国历史的发展变化。全书计8卷，分别为史前卷、先秦卷、战国卷、秦汉卷、三国两晋南北朝卷、唐宋卷、元明卷、清代卷。文物选取典型、精当，具有代表性，从中反映当时社会的变革、文明的进步、科技的发展。内容论述严谨，资料可信度高，很具说服力。全书共160万字，收录插图2000余幅，综合运用文物、考古资料与历史文献"三结合"的原则，本着实事求是的学术态度，钩沉史实，讲明物理，还历史本来面貌，诠释准确、详尽，图文互映，对中国历史的实证研究影响尤著。

文物不是作为文字的佐证，而是作为叙述的依凭。读者阅读本书，犹如走进一座恢弘的历史博物馆，通过文物感受历史的风云变幻，真切把握历史的脉动，《文物中国史》是一部既有学术普及价值，又体现愉快阅读理念的上佳读物。该书设计典雅，印装精美，颇具收藏价值。

《文物中国史》出版后，受到来自专家学者和广大读者的一致好评。先后获得第十四届中国图书奖、2004年度华北五省市优秀图书一等奖、第十六届晋版优秀图书一等奖，首届出版政府奖图书奖提名奖。

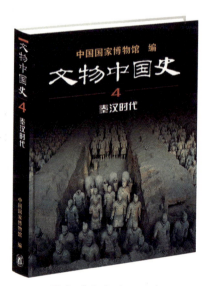

图书《文物中国史》

《玩具论》（增订版）

浙江师范大学蒋风教授于1996年出版了国内首部玩具理论专著《玩具论》。希望出版社2010年推出了《玩具论》（增订版）。

《玩具论》（增订版）不仅将原著各个章节作了较大的完善，从玩具概念、玩具历史、玩具民俗、玩具教育、玩具文化、玩具经济等6个方面进行了深入关注，并对玩具的未来作了科学的分析。本书首先扩充了大量内容，信息含量更加丰富，参考性、研究性和实用性更强。其次，图片资料更加翔实。增订版几乎在论述每种玩具时都附有清晰的照片，让读者可以更直观地了解玩具的变迁、发展。第三是章节编排更加合理，循序渐进，系统性更强。第四，新版图书增加了玩具的经济篇，这样一来，与市场联系就更加紧密了，有助于指导玩具的生产与销售，从而使玩具从历史、文化、教育到生产、销售有了一整套科学的理论指导。本书是目前国内最为完备的玩具理论专著。

该书具有重要的现实意义和历史价值。写作框架和观照视点均在原书基础上有巨大突破，揭示了玩具正在丰富和改变着我们的日常生活。该书逻辑结构严密，论述层次清晰，语言表达流畅生动，既适合专家学者研读也适合广大群众阅览。本书的写作跳出了一般的研究著作理论化倾向严重的窠臼，行文简朴生动，容易引起读者的阅读兴趣。

2011年3月荣获"第二届出版政府奖"。

《傅山书法全集》

《傅山书法全集》是山西人民出版社2007年出版的一套大型书法类图书，全套8册，大8开，精装。

作者傅山先生（1607—1684），他的书法成就杰出，真草隶篆皆精，碑版简牍俱妙。他提出书法"四宁四毋"的主张，即"宁拙毋巧，宁丑毋媚，宁支离毋轻滑，宁直率毋安排"，呈现出豪迈不羁、雄肆宕逸、脱略蹊径、笔走龙

图书《傅山书法全集》

蛇、酣畅淋漓、清迥拔俗的气势。傅山的书法作品在中国书法史上占有崇高的地位，被世人尊为一代宗师。

《傅山书法全集》最大的特点是收集作品之"全"。收录了傅山先生从青年时期到晚年70余万字、数千幅的书法墨迹作品，内容涉及经、史、诸子、道教、佛教、诗文、书法、绘画、音韵、训诂、金石、考据以及医学等诸多方面。第一卷主要收录条幅、条屏等各体书法大幅作品。第二卷至第五卷，收录以行草为主的册页、手卷。第六卷、第七卷收录以楷书为主的册页、手卷。第八卷为释文、傅山年谱、常见落款、常用印、编后记。一至七卷均为傅山原作品的呈现，相当一部分作品为首次公开面世。各册作品有确切纪年的，尽量按纪年顺序编排。在规定篇幅内，作品能展示原大的，尽量保持原大。为方便读者阅读，全套书以古籍整理的标准，对原作进行了分段、标点，全面提升了傅山书法作品的学术价值。

《傅山书法全集》出版以来，产生了很大的社会影响。2008年获"第二届中华优秀出版物"奖，2009年获"第三届中国书法兰亭奖"。

《中国著名儿童文学作家评传》

本套丛书由希望出版社出版，包括《张天翼评传》、《包蕾评传》、《冰心评传》、《叶君健评传》、《叶圣陶评传》、《严文井评传》、《贺宜评传》、《洪汛涛评传》、《鲁兵评传》、《金近评传》、《陈伯吹评传》、《高士其评传》、《郭风评传》、

《任溶溶评传》共计14本，以各位作家的生平经历为经，以其代表的作品为纬，多角度、多层面总结了他们的创作成就，全面真实地再现了各位著名儿童文学作家的生平，展示了其爱憎分明、乐观幽默等的性格，并对其作品进行了深刻的分析和评价。

该套书从评与传两个层面对儿童文学作家其人、其作品做了全方位的研究，让广大读者对文学作家有一个较深入的把握，从更深层次理解他们的生活和创作历程，多角度、多层面总结了他们的创作成就。该套书以评传的模式，带领我们去穿越中国著名儿童文学作家的一个群体丛林，带领读者共同去追寻、追忆、回味、感受他们远逝的过去与已逝的生活。这套书保存了许许多多极其珍贵的历史资料，在文化积累与传承上有着不可估量的价值。

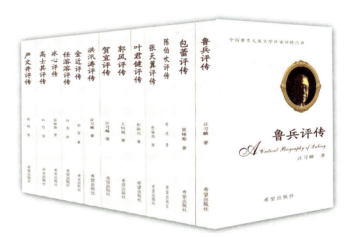

图书《中国著名儿童文学作家评传》

作者为蒋风、蒲漫丁和樊发稼。该套书一经推出，就受到了社会各界的广泛好评。2010年获第三届中华优秀出版物图书奖，第四届全国优秀少儿图书奖三等奖。

《中国话剧艺术通史》（共3卷）

本书系国家"十一五"重点规划图书，有以下几个方面的特色：第一，尽可能地把最近二三十年学术界已有的研究成果吸收进来，因而大大地弥补了过去的话剧史著在内容方面的不足。第二，把话剧作为综合艺术的整体发展历史给予描述和评估。第三，第一次把台湾、香港和澳门的话剧发展史纳入，使这

图书《中国话剧艺术通史》

部《中国话剧艺术通史》成为一部名副其实的中国话剧史。第四，这是一部基本上能够反映中国话剧百年的中国话剧艺术通史。第五，与先行出版的《中国话剧百年图史》（上下卷）可以相互配合参照，阅读。

从20世纪初中国部分留日学生组织的春柳社在日本东京成功演出《黑奴吁天录》算起，中国现代话剧已经走过了整整100年，在这100年间，中国话剧获得了前所未有的发展空间。与蓬勃开展的话剧活动相呼应，理论界对于百年中国话剧发展历史的总结与检讨也日益展开，人们试图通过梳理与回望，把握中国话剧在整整100年的时间里跳动的脉搏，在总结经验和教训的同时，给未来留下可借鉴的启示。该书梳理了中国话剧在过去100年间走过的道路，体现了写史人自己的眼光、取舍甚至评判，有独特的学术价值和贡献。

丛书主编为田本相教授，中国话剧理论和历史研究会会长，曾任中国艺术研究院话剧研究所所长。由山西出版传媒集团山西教育出版社出版，发行量5000套。2010年获第三届中华优秀出版物奖。

《与农村党员谈心——说一说农村学习实践科学发展观》

这是一本通俗易懂、反映农村工作实际、对农村贯彻落实科学发展观具有启示和帮助作用的普及型辅导读物。它讲的是农村党员学习实践科学发展观所关心的问题，说的是农村党员学习实践科学发展观所听得懂的道理，教的是农村党员学习实践科学发展观所用得上的本领。

本书体裁新颖、事例鲜活、语言生动、通俗易懂，贴近农村实际，讲到了农民的心坎上，具有鲜明的时代特征和浓郁的生活气息。采用对话体的写作方式，避免了你讲我听、居高临下的宣讲式灌输；将理论通俗化，避免概念化问题；灵活地提出并解答相关的问题，贴近农村党员的心理。本书尽可能使用农民语言，多讲事例，少讲理论，用身边的人和事来讲道理。无论标题设置、人物对话，还是漫画插图，都极富农村特色。

本书在理论大众化、现实化方面开山西省乃至全国理论武装工程之先河。在内容创新的基础上追求形式创新，具有鲜明的山西特色、山西风格。作者把学习实践科学发展观这个严肃的主题与活泼的形式、鲜明的地方特色有机结合，自觉推进形式创新。

《与农村党员谈心》一书深受农村广大党员群众的喜爱，他们认为这本书对农村党员很适用，"谈心"谈到了他们的心坎上。2009年底，习近平同志在东北调研时，对本书提出表扬。

本书由中共山西省委深入学习实践科学发展观活动领导小组办公室与省委组织部、省委宣传部共同组织编写。山西人民出版社出版，初版10万册已全部售完。2009年，在中宣部和新闻出版总署共同举办的"第二届全国优秀通俗理论读物"评选中，该书入选10种优秀推荐图书。2010年，本书获中华优秀出版物（图书）奖。

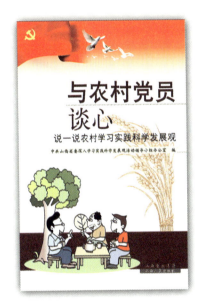

图书《与农村党员谈心——说一说农村学习实践科学发展观》

《流动的花朵》

小说讲述了进城务工农民子女在城市里求学与成长的故事。主人公王弟，是一个五年级的小学生，他和姐姐跟随打工的父母漂泊到繁华的江南城市，开始了在异乡的新生活。虽然家境贫穷，但他乐观、向上，班里和他一样来自农

村的外地生憨厚、朴实,城市的朋
友们和他亲密无间,老师欣赏他、
钟爱他,政府和全社会关注、关心
他们。所有这些,使王弟感受到阳
光般的温馨与煦暖,并在幼小的
心灵深处逐渐滋生出一个梦想:
他渴望长大,渴望成为繁华的大
城市中真正的一分子,幸福快乐
地生活。

在构建和谐社会的大背景下,
本书直击我国城市化进程中突显
的外来务工人员子女的教育问题,
旨在让越来越多的人认识到现在

图书《流动的花朵》

的外来务工人员子女作为城市的新市民,与城市里的孩子同在一片蓝天下,同
享教育阳光的重要性,体现"以人为本,关注和谐"的可持续发展观,歌颂了
教育公平理念。

作者徐玲,希望出版社出版,该书出版仅4个多月,首印18 000册就销售
一空,再获重印,累计印数已达12.5万册,销售册数达12万册。本书出版之
后,多方评论人士进行了高度评价,先后有多篇书评、书摘、书讯发表于各大
媒体。

该书获中宣部第十一届精神文明建设"五个一工程"优秀作品奖,第三届
"三个一百"原创工程奖,入选2010年新闻出版总署向全国青少年推荐百种优秀
图书、共和国成立60年18种影响力经典童书、中国儿童文学原创60年10种好
书和2009年、2010年、2011年全国农家书屋重点图书。

《公司的力量》

《公司的力量》是山西出版传媒集团山西教育出版社与中央电视台财经频道共同合作、出版的一部经管类市场畅销图书。该书是国人第一次透过近代以来世界范围内"公司"的起源、发展、演变、创新的历史脉络，探讨公司与经济制度、思想文化、科技创造、社会生活乃至精神生活等诸多层面相互之间的关系，旨在以历史的眼光和全球的视野，总结公司发展的个性特征和基本规律，探索全球化条件下中国公司的战略选择，为中国企业的发展寻找镜鉴。

出版人在保留纪录片文本电视语言风格和电视形象直观生动优点的同时，最大化地发挥出图书的印刷表达优势，创造出一种较为新颖的文图书模式,在编辑技术上有所突破。该书以畅销书的通俗语言和市场化的包装方式，通过大量生动感人的故事和300多张鲜活有冲击力的图片，为公司制度与读者之间搭建起沟通的桥梁。

该图书由中央电视台财经频道创作，至今实现了7次印刷，发行逾40万册。2011年5月8日李长春同志莅临山西出版传媒集团视察时，对《公司的力量》也作出高度评价，称赞其是一部在全国很有影响的优秀图书。

《公司的力量》首发后次周即登上各大图书排行榜的前列，至今已荣获2010年、2011年度光明书榜十佳，2010年蓝狮子中国最佳商业图书，2010年开卷年度十佳图书，2010年、2011年全国最畅销的经济类图书，2010年首都大学生读书节大学生最喜爱图书，2011年《新京报》年度优秀图书，2010年、2011年图书发行行业优秀畅销图书等荣誉。

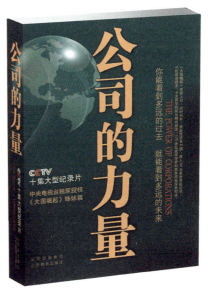

图书《公司的力量》

《央企真相》

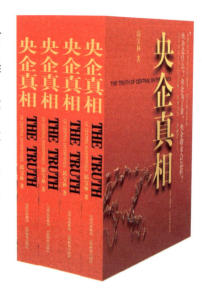

图书《央企真相》

　　《央企真相》是国内首部直面央企话题的严肃著作。书中以石油石化行业为主脉，讲述了众多鲜为人知的改革故事，告诉公众"央企是什么，央企为了谁，央企未来将怎样"。该书内容以社会公众高度关注的热点话题为主线，用翔实的资料解读热点话题的来龙去脉，全面、客观地解疑释惑；并首次披露了央企在海外完全竞争的市场上不畏强手、艰苦创业的众多感人故事。客观剖析了经济转型过程中的是非曲直，坦言转型期的央企为何遭遇舆论旋涡，央企如何适应新的舆论环境，及时擦掉雕塑上被泼的颜料，怎样由单向灌输式的企业宣传转变为系统的提升企业美誉度的形象建设。理性还原了"新央企"的真实面貌，是一本胸怀全球，热忱探讨央企如何成为"伟大企业"的好书。

　　作者邱宝林，由山西出版传媒集团山西教育出版社出版，发行量达12万册。上市后获得了广大读者的积极评价和市场认可。全国有200多家影响较大的报纸和网站刊发或转发了书评，香港《大公报》分200多天全文转载了该书。

　　2011年3月18日，国务院副总理张德江在视察航天科技公司时说，央企这些年贡献很大，《央企真相》这本书很好，从正面树立了央企的形象，客观介绍了情况，希望领导同志们能够认真读一读。

　　2011年5月8日，李长春同志在山西新华物流中心视察时说："必须要为我们的国有骨干企业鼓与呼，我国能迅速走出2008年金融危机，央企是立了大功的。《央企真相》用图书专著的形式正面反映央企的贡献，这个做法很好。"

　　《央企真相》荣获2011年度光明书榜十佳、2011年全国最畅销的经济类图书、2011年《新京报》年度优秀图书、2011年《中国图书商报》年度优秀图书、2011

年图书发行行业优秀畅销图书等荣誉。

《学生探索百科全书》

《学生探索百科全书》是书海出版社出版的一套引进版百科全书。自出版上市以来，多次重印。至目前，总印数达 60 000 套，全部销售完毕。此丛书以其科学的编排、优质的印刷，产生了非常好的社会效益和经济效益。

《学生探索百科全书》从美国沃尔顿－欧文出版有限公司引进，已被译成18种文字，在美国、加拿大、澳大利亚、英国、法国、德国、日本、俄罗斯等众多国家发行，销量超过 500 万套，被誉为"全球销量第一的学生百科全书"。

《学生探索百科全书》包括《地球探索》、《科学探索》、《历史探索》、《动物探索》4册。作者为来自美国、英国、澳大利亚等国的各科科学普及工作者。各册分别以独特的视角给读者展示了不同学科的新知识构架，强调以科学的精神探索世界，培养青少年细致缜密的科学方法和求真唯实的探索精神。《全书》具有多项附加功能，如关键词中英文对照、内容索引、词汇索引、知识点提示、基本知识问答，以及相关教育网址索引。这样的编辑设置，适合中小学各个学龄段的学生阅读，尤其适合小学高年级、初中各年级和高中各年级学生阅读。

《学生探索百科全书》自出版以来，获得了市场的认可，多次重印。2003年，获得了"全国优秀科技图书奖"、"引进版社科优秀畅销图书奖"、

图书《学生探索百科全书》

"'科学时报读书杯'科学普及科学文化奖"，2004年，获得了"第十四届中国图书奖"、"全国青少年喜爱的优秀图书"、"第六届全国书籍装帧艺术奖优秀奖"。

《魂系山西》

本书由山西经济出版社组织省内知名专家倾心打造，从选题策划到面世前后花费4年时间，主编李镇西。作者试图从五千年历史文明中，探寻山西人的精神和山西人的品格。

全书分四大板块16篇，比较全面地反映了五千年中国历史长河中，山西的地位和山西人在政治、经济、军事、科技、文学、艺术等各个领域所作出的贡献。

第一板块分析了山西的地理形势，突现了山西的"河山魂"、"天下势"，揭示了这种地理环境在中国历史发展中的作用及对"山西人"性格形成的影响：山的刚毅和气节，水的胸怀和智慧；第二板块再现了在"太行父亲的厚爱"及"黄河母亲的哺育"下成长起来的，左右了华夏文明的发展轨迹的山西人：叱咤风云的帝王之尊、勇于改革的贤士名相、忠义骁勇的良臣武将、刚柔相济的巾帼女杰；第三板块反映了这一方人与此山、此水、此势心物感应下对真善美的追求和心灵的歌

图书《魂系山西》

唱：儒释道异彩纷呈，剧作家争奇斗艳，吟诗者你方唱罢我登台，著文者语不惊人死不休；第四板块展示了勤劳智慧、锐意创新、勇于开拓的山西人在科技、经济、建筑、民俗文化方面的建树：罕见的中国古代科技史长廊，称雄商界500年的晋商，美妙绝伦的古代建筑，原汁原味的民俗文化。

《魂系山西》出版后得到社会各个阶层的肯定。2009年被评为山西出版集团年度十大好书，在国际国内书展中得到同行的青睐。

后 记

三晋大地，龙年春早。恰逢佳节初过、年味还酣之际，《东风吹来满园春——山西文化改革发展巡礼》一书同您见面了。我们期待它能成为您收到的又一份新春祝福，带给您春的气息，春的生机，春的希望！

近年来，乘着全国文化改革发展的潮涌之势，山西以高度的文化自觉、文化自信和文化自为，与时俱进，攻坚克难，奋力前行，文化改革迎来了新气象，文化发展结出了新成果。落实党的十七届六中全会精神，回顾历程，盘点得失，谋划未来，鼓舞宣传思想文化工作者，改革创新，锐意进取，努力建设文化强省，是我们编写此书的主要意图。同时，我们也期待社会各界朋友能通过阅读本书，对山西文化改革发展留下比较深刻的印象；对今后山西的文化建设提出宝贵的意见和建议，以鞭策我们把工作做得更好，更有成效。

本书重点反映了山西文化体制改革、公共文化服务体系建设、文化产业发展和文化精品生产等四个方面的情况。省委宣传部常务副部长杨波同志、省委宣传部副部长杜学文同志，具体主持了本书的编写工作。省委宣传部吕芮宏、王舒袖、胡彦威、王招宇、张效堂、杨勇、陈文正、赵凯军、刘丽萍、高小勇、李永生、任珺、焦宁等同志，省社科院马志超、山西财经大学焦斌龙、山西日报社李晓芳等同志，参与了本书的编写工作。省委常委、宣传部长胡苏平同志，省人民政府副省长张平同志通审了全书，并做了最后审定。各市委宣传部、省直宣传文化系统各单位、省财政厅、省旅游局、省体育局等单位，为本书的编写提供了大量资料和图片，付出了辛勤的劳动。山西人民出版社、山西新华印业有限公司，为本书的出版提供了大力支持。在此，一并致以深深的感谢！

由于编写时间较短，资料收集不是很充分，加之编者水平有限，书中的错误和纰漏肯定不少，恳请各位读者能予以谅解并指正！

编者

2012 年 2 月

为本书编写提供文字资料和图片支持的同志有：

孟庆耀	段永刚	李联军	李海涛	王　琏	郭跃鹏
王振华	侯晓斌	温　华	杨占平	杨春艳	郭　锐
赵建伟	陈　哲	赵红武	金　璋	余志广	张春安
邢小靖	强岱生	邓守明	刘西平	顾　勇	刘建红
李大龙	刘　鹏	赵　鹏	杨　钟	武经纬	马淮镇
闫旭芳	马亚玲				